Christian Huber

Tausend Tage ohne Hoffnung

Meiner unermüdlichen Helferin
Elisabeth Sanftl

Christian Huber

Tausend Tage ohne Hoffnung

Berichte aus der Kriegsgefangenschaft

rosenheimer

Besuchen Sie uns im Internet
www.rosenheimer.com

Lektorat: Gisela Faller, Stuttgart
Satz: Satzpunkt Ursula Ewert GmbH, Bayreuth
Titelfoto: © Bundesarchiv, Bild 146-2007-0127 / Fotograf: König
Druck und Bindung: CPI Moravia Books s.r.o.
Printed in Czech Republic

ISBN 978-3-475-54215-2

Inhalt

Im Todeslager Krasnoarmeisk

Franz Vorbeck, Rosenheim
Leutnant an der Ostfront

Krieg, das ist Ordnung, hat man uns an der Offiziersschule beigebracht. Krieg, das ist Mathematik, Taktik und Strategie. Im Krieg siegt immer nur der Ordentliche. Zum ersten Mal sehe ich in diesen Sommertagen des Jahres 1940, wie unsere Ordnung die der Franzosen und Engländer völlig auflöst und über deren Unordnung triumphiert. Unsere Kompanie stürmt in wilder Fahrt Richtung Nordsee, vorbei an zerstörtem, liegengebliebenem Kriegsgerät der Gegner, die sich bei Dünkirchen einkesseln und schließlich nach England ausschiffen lassen. Der Frankreichfeldzug ist für mich nichts anderes als ein Sieg unserer Ordnung gegen das Chaos der französischen und britischen Armee. Als MG-Schütze gebe ich keinen Schuss ab, obwohl ich drei Wochen am Feldzug teilnehme. Alles ist immer schon vorbei, wenn unsere Kompanie auf dem Gefechtsfeld eintrifft. Krieg, denke ich mir, Krieg ist einfach – auf dem Lkw fahren, warten, essen und schlafen. Und den anderen elf Männern meiner Gruppe, den 40 des Zuges, den 180 der Kompanie geht es genauso.

Jetzt, über zwei Jahre später, fahren wir wieder auf einem Lkw. Ich bin mittlerweile Zugführer, habe den

Balkanfeldzug an der Offiziersschule »verschlafen«, bin 1941 erst mit der Heeresgruppe Mitte Richtung Moskau marschiert und dann rechts abgebogen, Stoßrichtung Wolga, Ziel Stalingrad. Schon in der Ukraine spüren wir, dass dieser Krieg ein anderer werden wird, als wir ihn bisher kannten. Uns geht ein Stück Leichtigkeit verloren, nicht weil wir harte Kämpfe zu absolvieren hätten, nein, sondern weil aus dem klaren, »sauberen« Krieg gegen Frankreich und England plötzlich ein weltanschaulicher Kampf gegen »Untermenschen« werden soll. Ein bisschen Ordnung geht mir und meinen Kameraden da verloren. Der Krieg ist vom Einmarsch in der Sowjetunion an nicht mehr wie vorher. Hier gelten andere Regeln. Und so geht es weiter, bis heute, bis zu dem Tag im Oktober 1942, an dem unsere Kompanie in die Stadt geworfen wird, aufs Schlachtfeld Stalingrad. Wir sind siegesgewiss, freuen uns jetzt auf unseren Weihnachtsurlaub. Bis dahin wird das Ringen um Stalins Stadt längst entschieden sein. Dann ist der Krieg aus, denn wer die Wolga hat, hat die Versorgung Moskaus und fast der ganzen westlichen Sowjetunion in der Hand. Und so macht uns der Alarm heute um vier Uhr morgens nichts aus.

Alles geht sehr schnell. Kurz nach Mitternacht ist der Russe in der Stadtmitte tief in unser Stellungssystem vorgedrungen und hat ein paar taktisch wichtige Straßenzüge genommen. Die soll unsere Kompanie Panzergrenadiere, zu der mein Zug gehört, jetzt zurückerobern. Wir sind noch längst nicht an der Stelle, an der uns die Schützenpanzer absetzen sollen, da kracht es an allen Ecken und Enden. Ein höllischer Feuerzauber beginnt. Schon gut einen Kilometer vor der eigentlichen Frontlinie stoßen wir auf harten Widerstand. Der Russe schießt aus Fenstern, aus Kellern, aus Bombentrichtern heraus. Innerhalb von zwei Stunden verliere ich 14 meiner 40 Männer durch Verwundung. Zwei werden vermisst, fünf sind gefallen. Alle Ordnung ist dahin. Es herrscht ein Chaos, wie ich es in meiner Soldatenzeit noch nie erlebt habe. Und wir ahnen, dass sich hier die Pforten zu einem ganz neuen, nie dagewesenen Schlachtfeld öffnen.

Häuserkampf. Stellungskrieg in einer Wildnis aus Schutt und Trümmern, später aus Leichen. Die Russen, die uns hier gegenüberstehen, haben ihn zum Großteil schon seit Monaten überlebt. Für uns ist das neu. Wir müssen erst lernen, was es heißt, wenn im Keller und Erdgeschoss eines Hauses unsere Kameraden sitzen und im ersten Stock der Russe, im zweiten wieder wir und ganz oben nochmals die Rote Armee. Das Morden wird in den nächsten Tagen barbarisch werden. Ein Kampf Mann gegen Mann steht uns bevor – Krieg wie aus einem längst vergangenen Jahrhundert. Und so mancher der Soldaten wird in den nächsten Tagen in eine seltsame Apathie fallen, die uns Führern Angst macht. Apathische Soldaten funktionieren nicht mehr einwandfrei. Der Drill des Kasernenhofes zieht nicht mehr.

Uns Offizieren geht es nicht besser. Scharfschützen machen Jagd auf Zugführer und Kompaniechefs. Unsere Uniformen ändern daraufhin schlagartig ihr Aussehen. Ritterkreuze, Eiserne Kreuze, Orden und Spangen verschwinden in der Jackentasche, Schulterklappen und Kragenspiegel werden mit Dreck getarnt. Alles, was blinkt und glitzert, verrät uns als Offizier.

Und wir lernen den Tod kennen in diesen ersten Tagen von Stalingrad. Den Tod, der so verschieden sein kann. Mal ist er gnädig und kommt durch einen gezielten Kopfschuss. Der Kopf des Getroffenen kippt leicht nach vorne, und es sieht beinahe so aus, als habe sich der Soldat zum Schlafen hingelegt. Ein andermal ist der Tod grausam und dauert ewig. Der Russe schießt auf unseren Spähtrupp, so gezielt, dass er die beiden Männer nur bewegungsunfähig macht, sie aber am Leben bleiben. Ihr Schreien um Hilfe soll den Rest der Gruppe aus der Deckung locken. In den ersten Tagen verlieren wir bei Rettungsversuchen so viele Männer, dass wir jegliche Hilfe untersagen. Die Verwundeten müssen ohne unsere Hilfe verbluten. Ein langsamer, grausamer Tod, der uns, die wir ihre Schreie hören, ins Mark fährt.

Dass uns hier in Stalingrad die Ordnung völlig verloren gehen wird, darauf deuten in den nächsten Tagen viele Kleinigkeiten hin. Zum ersten Mal seit dem Einmarsch in der Sowjetunion verliert unser Tross, verlieren unsere Versorgungseinheiten ihre klare Linie. Gibt es sonst einen Mangel an Munition oder Waffen, ist der innerhalb von Minuten, spätestens nach ein paar Stunden behoben. In Stalingrad warten wir oft eine ganze Nacht auf Granaten, auf Minen und Gewehrmunition. Manchmal einen ganzen Tag. Das nimmt für die vordersten Kämpfer Mitte November bedrohliche Ausmaße an. Manchmal können wir dem Russen nur mehr mit dem Klappspaten zu Leibe rücken. Wir werden eiskalte Nahkämpfer. Und noch eines fällt uns auf, was uns wirkliche Furcht einflößt: Die Wolga ist unser Feind. Nachts schaffen die Russen über sie Nachschub an Menschen und Material heran. Wenn wir tagsüber einen Graben, einen Keller, einen Hügel oder Straßenzug nehmen, müssen wir morgens die Stellung wegen massiver Angriffe der Russen oftmals wieder komplett räumen. Ein ewiges Hin und Her zerreißt unsere Nerven. Jedem kleinen Erfolgserlebnis folgt sofort eine kleine Niederlage. Es ist zum Kotzen.

Noch schlimmer wird es Mitte November. Längst hat der russische Winter eingesetzt. Das Thermometer fällt von einem auf den anderen Tag auf minus 20 Grad. Jetzt ist nicht nur die Munition knapp, sondern auch Verpflegung und Brennholz. Und dann kommt die größte aller Hiobsbotschaften, die einen Soldaten an vorderster Front erreichen kann: Wir sind eingekesselt. Zwischen Wolga und Don hat der Russe mit einer Million Mann angegriffen, und die beiden Zangenarmeen haben sich in unserem Rücken vereint. Es ist der 20. November 1942, als uns diese Meldung erreicht. An diesem Tag stirbt jede Ordnung, und ich weiß, dass der Krieg verloren ist. Unsere 6. Armee verblutet und erfriert jetzt acht Wochen lang in den Trümmern von Stalingrad. Mitte Dezember sterben jeden Tag 1000 deutsche Soldaten, und aus der Heimat erreichen uns immer noch die irrwitzigsten Durchhalteparolen. Es ist seltsam, aber sie halten unsere Hoffnung am Leben, wenn wir auch Tag für Tag mehr über den Blödsinn, der da aus der Heimat kommt, den Kopf schütteln müssen. Den letzten Hoffnungsschimmer nimmt uns schließlich eine Rundfunkansprache von Feldmarschall Hermann Göring, der rechten Hand Hitlers. Am 30. Januar 1943 schallen aus den letzten noch verbliebenen Funkempfängern seine Worte, die für uns wie Hohn klingen:

Es kam der Tag, dass zum ersten Male deutsche Panzergrenadiere in die Hochburg von Stalingrad hineinstießen und sich an der Wolga festklammerten. Dieses wird der größte und heroischste Kampf unserer Geschichte bleiben: Was dort unsere Grenadiere, Pioniere, Artilleristen, Flak-Artilleristen und wer sonst noch in dieser Stadt ist, vom General bis zum letzten Mann, leisten, ist einmalig. Noch in tausend Jahren wird jeder Deutsche mit heiligem Schauer von diesem Kampf in Ehrfurcht sprechen und sich erinnern, dass dort trotz allem Deutschlands Sieg entschieden worden ist. ... Und so wird es auch in späteren Tagen über den Heldenkampf an der Wolga heißen: Kommst du nach Deutschland, so berichte, du habest uns in Stalingrad liegen gesehen, wie das Gesetz der Ehre und Kriegsführung es für Deutschland befohlen hat.

Einer unserer kommandierenden Generäle, ich glaube es war der Befehlshaber des nördlichen Kessels, General Karl Strecker, antwortet am 31. Januar kurz und knapp und für uns alle gut hörbar: »Vorzeitige Leichenreden unerwünscht!«

Nach Görings Ansprache bricht für uns in den Kellern von Stalingrad der letzte Lebensmut zusammen. Wir wissen, dass man uns abgeschrieben hat, dass auf keine Rettung mehr zu hoffen ist. Görings Worte, die aus dem Tornistergerät rauschen, kommen uns wie unsere eigenen Grabreden vor. Als stünden wir auf unserer Beerdigung. Zwei Tage später gehen wir in Gefangenschaft. Für mich wird sich jetzt nach über drei Jahren Krieg die Leidenszeit um mehr als sechs Jahre fortsetzen.

Als uns frühmorgens um 5 Uhr die Russen aus unseren Kellern holen, geben sich viele meiner Kameraden die Kugel. Nicht, weil sie zu stolz sind, in russische Gefangenschaft zu geraten, sondern aus Angst vor dem, was sie mit sich bringen wird – oder weil sie einfach nicht mehr können. Russische Gefangenschaft wird, das wissen wir vorab, die Hölle. Nur wie heiß beziehungsweise wie kalt sie wirklich sein wird, ahnt an diesem Tag keiner von uns. Jetzt rettet uns erst mal die weiße Fahne das Leben, zumindest in den ersten Minuten. Nachdem wir aus unseren Kellern und Erdlöchern stolpern, stürzen sich die Russen auf uns und durchsuchen uns. Später werden wir noch tausendmal gefilzt, immer und immer wieder. »Urre, Urre!«, schreien die Rotarmisten unaufhörlich und nehmen uns alles ab, was sie finden können – nicht nur unsere Uhren. Sie sind sehr enttäuscht, dass wir keine Nahrungsmittel bei uns haben, und lassen ihre erste Wut gleich mal mit Fußtritten an uns aus. Auch sie sehen völlig ausgehungert aus und machen einen ebenso schlechten Eindruck auf uns wie wir wohl auf sie.

In den nächsten Stunden werden deutsche Gefangene aus allen Richtungen zusammengetrieben. Am Schlimmsten erging es offenbar jenen, die bis zuletzt an den Stadtgrenzen und in der freien Steppe gegen die Russen gekämpft haben. Fast alle sind völlig ausgehungert, die meisten verwundet. Von meinem Zug sehe ich jetzt noch vier Mann. Vier von 40. Wo der Rest geblieben ist? Gott alleine weiß es. Man lässt uns schließlich in Achterreihen antreten. Direkt vor mir steht ein junger Fahnenjunker, ein Offiziersanwärter, der noch vor ein paar Tagen in den Kessel eingeflogen worden war, aber nicht mehr so richtig zum Einsatz gekommen ist. Ich musste meine ganze Überredungskunst anwenden, ihn dazu zu bewegen, den sinnlosen Kampf einzustellen und sich mit uns zu ergeben. Seine nagelneue Uniform wird ihm in den nächsten Minuten zum Verhängnis werden. Wir reden ihm gerade gut zu, als ein russischer Kommissar, der an uns vorbeigeht, ihm unmissverständlich befiehlt, aus der Reihe zu treten. Der Junker macht einen Schritt nach vorne und steht jetzt vielleicht zwei Meter von mir entfernt. Er nimmt, als ginge es um eine zackige Meldung auf dem Kasernenhof, stramm Haltung an. Da entsichert der Russe seine Maschinenpistole, hält sie dem jungen Kameraden an die Schläfe und drückt ab. Wir trauen unseren Augen nicht. Eben noch hatte der Junker mit uns gesprochen – jetzt liegt er in einer roten Lache vor uns im Schnee. Ich spüre, wie das Blut in meinen Adern gefriert. Rings um mich herrscht eisige Stille. Alle senken sofort den Kopf, um keinen Augenkontakt mit dem Russen zu bekommen. Wer wird der Nächste sein? In diesem Augenblick feiere ich ein kleines Jubiläum. Ich schließe in diesem gottverdammten Stalingrad mit meinem Leben zum hundertsten Mal ab. Doch dann wird der schießwütige Kommissar zu unserem Glück von einem anderen Russen gerufen. Er hängt, ohne sich noch einmal umzudrehen, seine Waffe über die Schulter und geht wortlos weg.

Stundenlang stehen wir bei eisigem Wind in Achterreihen auf diesem namenlosen Platz inmitten der toten Stadt. Zunächst kommt es mir vor, als sei ein bisschen Frieden eingekehrt. Ich konzentriere mich auf den Wind, der von schräg hinten kommt. Der Friede, den ich hier vermutet und den ich mir so sehr gewünscht habe, ist aber nur von kurzer Dauer. Plötzlich hören wir die Russen wieder schießen. Die Schüsse kommen aus unseren Unterständen. Sie töten die Schwerverwundeten. Wer nicht auf dem Platz antreten kann, ist dem Tod geweiht. Erschießung. Eine gängige Methode, mit der die Russen in den nächsten Wochen die Spreu vom Weizen trennen. Weitere Stunden vergehen, ehe sich unser trauriger Zug in Bewegung setzt. Wir zittern allesamt vor Kälte und sind entsetzlich durchgefroren. Schon nach ein paar Minuten Marsch bilden wir einen endlosen grauen Strom verhungerter Menschen. Aus allen Ecken Stalingrads wird dieser Strom gespeist. Viele von uns können wegen ihrer Erfrierungen kaum gehen. Auch jetzt hören wir immer noch Schüsse aus den Ruinen und halten wieder unsere Köpfe gesenkt, um nicht sehen zu müssen, was dort mit unseren leidenden Kameraden geschieht. Für wie viele von ihnen wird die russische Kugel wohl eine Erlösung gewesen sein, frage ich mich noch heute. Und wie viele werden noch um ihr Leben gewimmert haben?

Für mich und Tausende meiner Stalingrad-Kameraden beginnt heute, einen Tag nach unserer Gefangennahme, unser Todesmarsch. Nur wenige, so vermuten wir gleich, werden ihn überleben. Wir stolpern durch die Ruinen aus der Stadt heraus, kommen irgendwann auf ein freies Gelände. Die Steppe liegt vor uns. Und es ist fast nicht zu glauben, sie ist bedeckt mit Tausenden toter deutscher Soldaten, die wie Eisklumpen im Schnee liegen. Mal sieht man ein Bein, mal einen Arm herausragen, mal ein schwarz gefärbtes Gesicht.

Manche der gefrorenen Leichen tragen an Armen oder Beinen Verbände. Verwundete, die es einfach nicht geschafft haben. Die Gesichter der Toten graben sich tief in meine Seele. Ich werde sie nie vergessen.

Gegen Abend drängt man uns in ein Barackenlager. Primitive Holzhütten, die offenbar bei einem Angriff allesamt ihr Dach verloren haben und zum Teil ausgebrannt sind. Immer noch zeigt das Thermometer dreißig Grad unter Null. Dann fällt dünner, eisiger Schnee auf unsere dünne Sommerbekleidung. Winterklamotten hat es bei unserer Einheit nicht gegeben. Erst wurde sie nicht ausgegeben, um den Soldaten zu suggerieren, dass sie nicht noch einen Winter in Russland verbringen müssen, dann war es zu spät, die Versorgung brach zusammen. Und so standen die meisten der Stalingrad-Kämpfer an einer eisigen Winterfront mit Sommerhosen da. In diesem Augenblick gäbe ich ein Königreich für einen wärmenden Mantel oder eine dicke Wollhose. Und doch, dass es auch noch schlimmere Schicksale um uns herum gibt, erfahren wir von den Kameraden, die jetzt nach und nach aus den Steppen rund um die verfluchte Stadt in unser Barackenlager stoßen. Tausende Versprengte hatten sich in den letzten Wochen des Kessels Richtung Stadtmitte aufgemacht, in der Hoffnung, dort, nahe den deutschen Befehlsbunkern, würde man etwas zu essen und einen warmen Unterstand bekommen. Sie stolperten und krochen auf allen Vieren durch den Schnee. Wie groß muss ihre Enttäuschung gewesen sein, als sie sahen, dass es uns Kämpfern in der Stadt nicht viel besser erging als ihnen.

Besonders schlimm hören sich die Erzählungen einiger Kameraden an, die an einem nahen Hauptverbandsplatz, so heißen die großen, frontnahen Lazarette, vorbeigekommen sind. Dort spielte sich offenbar ein Drama ab, von dem man in nicht wenigen der Berichte von Stalingrad-Kämpfern hören kann. Das Lazarett war ein dreistöckiger Bau mit zwei Seitenflügeln. Ab Mitte Januar kamen dort quasi alle Verwundeten aus den Kampfgebieten vor der Stadt hin. Schon nach ein paar Tagen füllten sich alle Zimmer und Säle bis unter die Decke mit Kranken, Verwundeten und Schwerstverwundeten. Das Gebäude war restlos überfüllt, und die Flut der Versprengten wollte nicht abreißen. Die wenigen Ärzte, die noch nicht aus dem Kessel ausgeflogen waren oder die noch keine russische Kugel erledigt hatte, hatten weder Verbandsmaterial noch Schmerzmittel, Wasser oder gar etwas Verpflegung, um das schlimmste Leid lindern zu können. Dennoch arbeiteten die Sanis und Ärzte bis ans Ende ihrer Kräfte. Oft genug aber verloren sie den Kampf um das Leben der Verwundeten. Und die Sinnlosigkeit ihres Kampfes nahm von Tag zu Tag zu. Immer mehr Kranke, Ausgehungerte und Verwundete drängten zum Hauptverbandsplatz, der offenbar auf alle eine magische, eine höllische Anziehungskraft hatte. Die Neuankömmlinge zwängten sich zwischen die Toten und Lebenden, suchten sich auf engstem Raum ein kleines Plätzchen. Fast war es, als könnten sie sich übereinanderstapeln. Wer nicht weiterkam, blieb einfach dort liegen, wo er war. Irgendwann konnten sich selbst die Sanis nicht mehr durch das schreckliche Gedränge hindurchzwängen. Jegliche ärztliche

Versorgung brach zusammen. Immer häufiger kam es vor, dass Soldaten wegen der unerträglichen Zustände oder schrecklichen Schmerzen ihrem Leben mit der Pistole in der Hand ein Ende setzten. Es müssen sich entsetzliche Szenen in dem Lazarett, das diesen Namen nicht verdiente, abgespielt haben.

Zeugen berichteten auch von einer anderen Katastrophe, die sich offenbar nach einem russischen Artillerie-Schlag ereignet haben muss: Ein Seitengebäude des Hauptverbandsplatzes fing Feuer. Die Flammen griffen rasend schnell auf andere Gebäudeteile über. Viele der Schwerstverwundeten konnten sich nicht bewegen und verbrannten bei lebendigem Leib in der Flammenhölle. Hilferufe gellten stundenlang durch das ganze Gebäude. Alle Ausgänge waren rasch verstopft, sodass auch die noch gehfähigen Verwundeten und die Kranken nicht mehr fliehen konnten. Massenpanik brach aus. Die Männer trampelten sich gegenseitig zu Tode. Immer mehr Verwundete sprangen auch aus dem dritten Stock, um sich vor dem Feuer und dem tödlichen Rauch zu retten. Ein Sprung ins Verderben, den kaum einer überlebte. Der Albtraum dauerte stundenlang. Insgesamt sollen bei der Katastrophe innerhalb kürzester Zeit mehr als 2000 Menschen umgekommen sein. Sie wurden in keinem Wehrmachtsbericht erwähnt, und kein Birkenkreuz wurde jemals für sie aufgestellt. Würde ich nicht schon vor Kälte zittern, so müsste ich ob der Erzählungen meiner Kameraden jetzt frösteln.

Am frühen Morgen jagen uns unsere russischen Bewacher wieder aus den Baracken, in denen wir wegen der unerträglichen Kälte fast immer gestanden sind. Immer vier Mann, Rücken an Rücken. Einer hat noch eine Decke, die werfen wir über uns. Unser Atem wärmt uns gemeinsam. Und so überleben wir auch diese Nacht. Jetzt aber geht der Marsch in die Gefangenschaft weiter. Wir kommen durch immer mehr Dörfer. Die Bevölkerung hier auf dem Land ist arm, und der Krieg hat das letzte Hemd gefordert – im wahren Wortsinne. Denn was wir jetzt erleben ist ein wahres Elend. Die große, letzte Plünderung unserer Habseligkeiten beginnt. Männer, Frauen, Kinder drängen sich in unsere Reihen, durchsuchen unsere Taschen. Wenn sie nichts finden, was praktisch immer der Fall ist, haben sie es auf unsere Kleidung abgesehen. Im Schutz der Wachmannschaften stehlen sie den Soldaten die Stiefel beim Marschieren weg. Letzte Decken und Mäntel wechseln den Besitzer. Wenn man Glück hat, bekommt man statt der Stiefel ein paar alte, zerlumpte Ledersandalen. Weil ich in der Mitte gehe, übersehen mich die Plünderer, und so kann ich vorerst meinen Sommermantel und meine Stiefel retten. Dieser Umstand wird mir in den nächsten eisigen Tagen das Leben retten.

Unsere Marschkolonne mit vielleicht noch tausend Soldaten – an manchen kleinen Hügeln kann ich sie ein wenig überschauen und zähle die Reihen – ist seit Tagen ohne jede Verpflegung. Das Ausscheren aus der Reihe ist lebensgefährlich. Schnell wird das als Fluchtversuch gewertet, und unsere Bewacher sind gnadenlos. Viele von uns verrichteten ihre Notdurft einfach im Gehen. Es kommt ohnehin nur mehr Blut und ein bisschen Wasser. Doch auch das bereitet sofort große Probleme: Die Hose vereist, und es kommt zu schlimmen

Erfrierungen. Und dennoch lassen viele das Wasser einfach laufen, seit sich Folgendes abgespielt hatte: Ein Luftwaffensoldat, die goldenen Flügel am Kragenspiegel sind längst dreckig braun, bittet einen der Posten, der schon seit Stunden neben uns hergeht, sich zum Austreten kurz an den Straßenrand stellen zu dürfen. Der nickt ihm auch zu. Während der Luftwaffen-Unteroffizier sein Geschäft verrichtet, setzt sich unsere Kolonne nach einer kleinen Marschpause wieder in Bewegung. Wir marschieren an dem Unteroffizier, der ein paar Reihen vor uns ging, vorbei. Eine halbe Minute später hören wir einen Schuss. Keiner dreht sich um. Wir sind zu kraftlos, zu abgestumpft und können nur vermuten, was passiert ist. Wahrscheinlich ist ein anderer Posten hinter uns nicht so gutmütig wie der, der neben uns geht. Den Luftwaffen-Soldaten sehen wir nie wieder. Der Weg, den wir beschreiten, ist jetzt mehr und mehr rechts und links von Toten gesäumt. Unzählige steifgefrorene Leiber liegen am Straßenrand. Wir vermuten, dass wir uns auf einer Sammelstraße befinden, auf der bereits andere Marschkolonnen durchgekommen sind. Anders können wir uns die Toten am Straßenrand nicht erklären. Und tatsächlich: Nach ein, zwei Tagen merken wir, dass unsere Bewacher ihr Vorgehen ändern. Die Regel »Wer nicht mitkommt, wird erschossen« wird durch die Regel ersetzt »Wer nicht mitkommt, bekommt einen Schlag mit dem Gewehrkolben und landet im Straßengraben«. Die Russen sparen Munition.

Durch Schnee und Eis treiben uns die Russen tagelang mit Hunden und ihren Gewehren vor sich her. Unsere tägliche Marschleistung geht rapide zurück, nachdem wir kaum etwas zu trinken bekommen und so gut wie nichts zu essen. Bei Temperaturen um die dreißig Grad unter Null erleiden fast alle Marschierenden schreckliche Erfrierungen, sodass wir nur langsam vorwärtskommen. Jeder versucht sich auf den Beinen zu halten. Wer auch nur kurz stehen bleibt oder sich sogar auf den Boden setzt, ist verloren. Genauso wie der, der dem langsamen Marschtempo nicht mehr gewachsen ist. In den Dörfern stapeln die Zivilisten unsere toten Kameraden zu Haufen auf. Andere verladen die Leichen auf Schlitten und fahren sie hinaus in die Steppe. Es ist schwer bis unmöglich bei dem tiefgefrorenen Boden Gräber auszuheben.

Immer wieder kommen wir an kleinen provisorischen Lagern an. Immer wieder die gleiche Prozedur. Wir werden wieder und wieder durchsucht, bis niemand mehr auch nur eine Fluse in seiner Hosentasche hat. Eines Abends durchsucht mich ein russischer Posten. Er findet ein paar Wasseraufbereitungstabletten, hält sie für Zucker und kann sich vor Wut kaum halten, als er draufgebissen hat. Enttäuscht schimpft er auf mich ein. Schmeißt die kleinen, weißen Tabletten in den Matsch. Er schlägt auf mich ein, da hält ihn der Wachsoldat zurück, der die ganze Zeit neben uns hergegangen ist. Beim nächsten Halt tut er so, als würde er meine Taschen durchsuchen. Doch welche Freude, als er wieder weg ist und ich meine Hände in meine Manteltaschen stecke. Ich finde getrocknete Brotstücke. Es ist wie Weihnachten für mich. Ich werde sie in den nächsten Tagen sparsam und heimlich kauen. Von diesem Zeitpunkt an weiß ich, dass es bei der Roten Armee auch anständige Soldaten gibt, genauso wie bei uns auch unmenschliche.

In den Tagen unseres ersten Marsches schlafen wir immer wieder im Freien, eng aneinandergeschmiegt in kleinen Gruppen. Wir versuchen uns aus Schnee kleine Schutzwände gegen den Wind zu bauen, sind aber oft zu schwach dazu. Um nicht zu erfrieren oder Erfrierungen zu erleiden, bewegen wir uns in regelmäßigen Abständen. Wir versuchen uns gegenseitig rechtzeitig zu wecken. Wer zu lange schläft, gleitet in den Tod. Um Wärme zu erzeugen, breiten wir eine Decke oder einen Mantel über unsere Köpfe. Unser Atem wärmt uns dann ein bisschen. Manchmal treiben uns die Posten auch in provisorische Lager. Dort werden wir dann wieder und wieder gefilzt, eine ewig gleiche Prozedur. Nach ein paar Tagen beginnen die Russen, uns in einem zugigen Barackenlager zu vernehmen. Wir müssen uns nackt ausziehen. Wer bis jetzt noch irgendwo am Körper etwas versteckt hatte – jetzt wird es unter Garantie gefunden, denn die russischen Ärzte untersuchen selbst den Intimbereich genau. Die peinliche und für uns höllische Prozedur – wir frieren so, als ob wir uns nie mehr erholen würden – dauert fast eine Stunde. Dann dürfen wir uns wieder anziehen. Um unser letztes Hab und Gut gebracht – und um unsere Identität. An diesem Tag nehmen uns die Russen nämlich sogar die Erkennungsmarken ab.

Der erste Marsch nach der Kapitulation unserer Armee endet für mich im Sammellager Krasnoarmeisk, südlich von Stalingrad an der Wolga gelegen. Ich merke, dass ein Großteil der Gefangenen Offiziersuniformen trägt. Offenbar hat man uns da zusammengezogen. Eine andere Behandlung als die Mannschaften bekommen wir indes nicht. Wie auch. Der Russe hat ja selber nichts, ist offenbar mit dem Ansturm an Gefangenen völlig überfordert. Unter den Zivilisten rund um das Lager herrscht eine noch bedrohlichere Lage. Wie konnten wir da etwas von den Russen erwarten? Wir Deutschen waren es schließlich gewesen, die den Krieg und das Elend in ihr Land gebracht haben. Wir werden in Baracken gepfercht. 140 Mann in einem Raum, der für vielleicht 40 gut Platz geboten hätte. Anfangs stehen wir dicht gedrängt Mann an Mann. An ein Hinsetzen oder Hinlegen ist nicht zu denken. Doch die Enge wird sich bald lichten. In der ersten Woche legen wir täglich zwischen sechs und zehn Leichen vor die Türe. Den Toten ziehen wir alles aus, was noch zu gebrauchen ist. Dann werden sie nackt oder nur leicht bekleidet als eine Art Windfang rund um die Baracke gelegt. Die Lebenden haben dann kurze Zeit etwas mehr Platz. Meistens kommen dann aber sofort Neuzugänge aus noch stärker überfüllten Unterkünften zu uns. Die gefrorenen Leichen werden jeden dritten Tag mit Handwagen vom Leichendienst abgeholt, gestellt aus deutschen Soldaten, die noch etwas bei Kräften sind. Sie erzählen mir später, man habe die toten Körper in ein riesiges Massengrab außerhalb des Lagers gebracht. Eine Grube ausgehoben von Deutschen für Deutsche. In meiner ganzen Verzweiflung schießen mir die Wörter »Tote« und »außerhalb des Lagers« durch den Kopf. Ein wilder Plan entsteht in meinem Schädel. Ich werde ihn niemals ausführen. Was hätte es auch gebracht, dem Lager entfliehen zu können? Wir sind nach wie vor im Kampfraum Stalingrad, wo sich über eine Million russischer Soldaten auf engstem Raum aufhalten. Ich wäre keine zehn Kilometer in Richtung Westen gekommen.

Aller Hunger ist eine ganze Weile zu ertragen. Nicht aber der Durst, der einem die Kehle zermartert. Manche Kameraden treibt er in den Wahnsinn. Sie versuchen ihn mit schmutzigem Schnee oder Eis, das hier oft ganz gelb vom Urin ist, zu stillen. Ich sehe, wie ein paar jüngere Offiziere in ihrer Verzweiflung den Deckel einer Latrine heben. Dort unten schimmert eine Flüssigkeit verheißungsvoll zu uns herauf. An mehreren zusammengeknoteten Gürteln lassen wir ein Kochgeschirr hinab, das sich schnell mit der Flüssigkeit füllt. Farbe und Geruch lassen nichts Gutes erahnen, doch in ihrer unmenschlichen Verzweiflung trinken einige aus dem Blechbecher, obwohl sie die Gefahr kennen, die von diesem Gebräu ausgeht. Die Strafe lässt nicht lange auf sich warten. Bald erkranken die vier, die am meisten aus dem Giftbecher gekostet hatten. Niemand kann ihnen mehr helfen. Sie verlieren binnen 48 Stunden alle Körperflüssigkeit und sterben. Der letzte von den Vieren steht morgens von seinem Lager auf dem Boden auf, fällt wie ein nasser Sack um und ist tot. Ein schauriges Schauspiel, dessen Inszenierung voraussehbar war. Selbst wenn ich in der nächsten Sekunde an Durst gestorben wäre, hätte ich von der Brühe niemals gekostet.

Neben Hunger und Durst ist in diesen ersten Tagen das Ungeziefer unser ständiger Begleiter. Tagsüber sind wir die meiste Zeit damit beschäftigt, Läuse und Flöhe zu zerdrücken. Nachts macht sich das Pack dann umso intensiver über uns her. Ich sehe morgens einen Kameraden mir gegenüber an der Wand kauern. Er schläft, ich sehe seine flachen Atemzüge. Seine grüne Wehrmachtsuniform ist ganz grau. Ich will mir den Burschen mal näher ansehen, trete sofort eine halben Schritt zurück. Seine Uniformjacke ist über und über mit Läusen übersät. Millionen dieser Plagegeister fallen Nacht für Nacht über uns ausgemergelte halbe Portionen her. Vielen saugen sie den allerletzten Bluttropfen aus. Dann verlassen sie den toten Körper und suchen sich ein neues Opfer. Es ist schauderhaft. Wieder trauen wir uns nicht zu schlafen, bewachen uns gegenseitig, was allein auch schon durch die Tatsache ratsam ist, dass sich immer wieder Ratten in unsere Baracke verirren. Die Viecher sind so ausgehungert, dass sie sich sogar über am Boden liegende Kameraden hermachen. An einem sonnigen Morgen, es ist bitterkalt, haben ein paar der Gefangenen, angeführt von einem Hauptmann der Luftwaffe, die Schnauze von den Zuständen in den Baracken voll. Mit ihrer letzten Kraft kratzen sie die Läuse von ihrem Körper ab und werfen sie auf ihre russischen Bewacher. Ein Akt der Verzweiflung, der ihr Todesurteil bedeutet. Ohne großes Federlesen werden die »Meuterer« an die Außenwand der Baracke geführt und vor unser aller Augen erschossen. Ihr Blut verfärbt den Schnee vor dem Eingang unserer Unterkunft tagelang. Erst rot, dann geht die Lache in ein dunkles Braun über.

Auch nach fast zwei Wochen bleibt jegliche Verpflegung aus. Einmal haben wir bisher eine Art heiße Brühe, die nach Sägemehl schmeckt, erhalten. Jeder einen Schöpflöffel voll. Ich weiß nicht, was in der Brühe schwimmt, schlucke sie einfach runter, weil sie ein bisschen warm ist. Die Verteilung der Suppe geht alles andere als gerecht über die Bühne. Viele der Kameraden besitzen kein Kochgeschirr mehr. Wie immer gehen die Schwächsten leer aus und weinen still vor sich hin. Ein paar Stunden später sind sie dann diejenigen, die obenauf sind und ein stumpfes Lachen heraushusten: Das große Gerenne geht los. Das halbe Lager leidet an Durchfall, viele müssen sich übergeben. Und diesmal hat es mich auch erwischt. Ich spucke mir die Seele aus dem abgemagerten Leib und weiß in diesem Augenblick nicht, was schärfer ist: Die Magensäure, die ich nach oben befördere, oder meine Tränen, die vom Salz ganz dickflüssig aus meinen Augen quellen.

Besonders hart trifft es unsere Verwundeten. Ihr Leid ist unermesslich, ihre Sterblichkeitsrate so hoch, dass bald keiner mehr von ihnen übrig sein wird. Es gibt keinerlei ärztliche Versorgung. Unsere Ärzte haben sie alle in Stalingrad behalten, um die russischen Verwundeten mitzuversorgen. Unseren Verwundeten indes fehlt es an allem. Nie, nie werde ich die Schmerzensschreie derer vergessen, deren Wunden nicht behandelt werden. Sie brüllen nach einem Sani, nach irgendjemandem, der ihnen hilft. Und da ist auch der nicht besser dran, dem man schon zu irgendeinem Zeitpunkt einen Verband verpasst hatte. Verbände können in diesen Tagen und Wochen nicht gewechselt werden. Unter ihnen krabbeln bald dicke Fleischmaden. Viele Verwundete oder Opfer von Erfrierungen sterben an Wundbrand. Der Gestank von faulem Fleisch wird schier unerträglich. Ich sehe Kameraden vor Schmerzen sterben. Sie wimmern nach ihrer Mutter, ihrer Frau und Kindern. Den Tod vor Augen murmeln oder schreien viele ein letztes Gebet. So oft wie in Krasnoarmeisk habe ich das Vaterunser nie zuvor an einem Ort und niemals wieder an einem Ort gehört. In ihrer Hoffnungslosigkeit geben jeden Tag Kameraden den Kampf ums Überleben auf. Ihr Überlebenswille erlischt wie eine Kerze im Wintersturm von Stalingrad. Nur noch im Tod sehen sie ihre Erlösung und erhängen sich mit ihrem Gürtel oder mit einem Draht umständlich an einem der Fensterkreuze der Baracke.

Ich erinnere mich an einen Schwerkranken, der eines Tages in unsere Baracke in eine freigewordene Lücke gelegt wird. Hände und Füße des Oberleutnants sind in dreckige Verbände eingewickelt. Er hat große Schmerzen. Offensichtlich leidet er an schweren Erfrierungen. Sein Stöhnen und Wimmern durchdringt die ganze Baracke und fährt uns in die Glieder, bis es einer unserer älteren Kameraden nicht mehr aushält. Der Hauptmann nähert sich dem schreienden Oberleutnant. Nichtsahnend denke ich in diesem Augenblick, als ich meine Augen auf die beiden richte, so sehen also die Offiziere unserer glorreichen und unbesiegbaren deutschen Armee aus. Zermartert, ausgehungert, zerlumpt, schreiend vor Angst und Schmerz. Ich kann mir ein ungläubiges Lächeln nicht verkneifen, das mir aber sofort im Halse stecken bleibt. Der Hauptmann nimmt dem Schwerverletzten die dreckigen Verbände ab. Und ich habe ein Bild vor mir, das ich nicht mehr aus meinem Kopf bekommen werde. An den Binden hängen schwarze Fleischbatzen – die Zehen und Finger des Oberleutnants. An den Stellen, wo sie vorher gesessen hatten, haben sich Infektionen gebildet. Das Fleisch fault großflächig. Und in dem faulenden Fleisch kriechen dicke Maden herum. Es ist entsetzlich. Wir sind so erschüttert, dass uns die

Tränen in den Augen stehen. Der Hauptmann, ein gestandener Reserveoffizier von vielleicht 35 Jahren, weint wie ein kleines Kind. Zum ersten Mal zweifle ich daran, dass es in dieser Hölle an der Wolga einen Gott gibt. Und als ob er meinen Zweifel hören könnte, lässt er das Wimmern unseres Oberleutnants verstummen und gibt ihm einen gnädigen, letztlich schnellen Tod. Er kommt auf den Leichenberg links neben der Baracke.

Wer die ersten 14 Tage in Krasnoarmeisk überlebt, dessen Chancen steigen langsam etwas an. In unregelmäßigen Abständen bringen jetzt Pferdewagen Fässer voller Wasser ins Lager. Allmählich geht es ein bisschen aufwärts. Nach etwa drei Wochen lässt der Russe eine Art Lagerküche errichten. Jeden zweiten, dritten Tag erhalten wir jetzt eine Suppe aus Kleie und Wasser, der wir anfangs natürlich skeptisch gegenüberstehen. Zu gut haben wir den letzten Suppen-Reinfall noch in Erinnerung. Doch wieder siegt der Hunger. Endlich bekommen wir auch regelmäßig Trinkwasser. Erste Hoffnung keimt in mir auf, die jäh in alle Himmelsrichtungen verfliegt, denn ich bekomme plötzlich hohes Fieber, meine Glieder schmerzen. Und ich beginne im Fieberwahn zu fantasieren. Drei Wochen dauert dieser Zustand, und ich habe wieder einmal großes Glück: Ein riesiger, dürrer Kerl aus Garmisch pflegt mich, seinen bayerischen Kameraden, wie ein krankes Kind. Ich weiß bis heute nicht, wie er mir während meines Deliriums Wasser und Nahrung zugeführt hat. Gerade als ich wieder ein bisschen klarer denken kann, wird er in ein anderes Lager verlegt. Bei mir reicht es gerade noch dazu, dass ich ihn nach seinem Namen fragen kann. Franz Bauer, der Franz aus Garmisch. Er wird die Gefangenschaft nicht überleben. Ich forsche später nach ihm, 1948, dem Jahr, in dem ich dank der Hilfe von Franz wieder nach Hause komme, und erfahre von seinen Angehörigen, dass er 1947 in russischer Gefangenschaft gestorben ist.

Nach gut drei Monaten in Krasnoarmeisk haben wir uns an die Strapazen langsam gewöhnt und sind wieder etwas zuversichtlicher, auch weil wir jetzt regelmäßig etwas zu essen bekommen. Mittlerweile versorgt uns der Russe täglich mit etwas Suppe und mit einem Stück Brot. Bald gibt es für die Suppe sogar ein bisschen Einlage. Das Internationale Rote Kreuz spendet amerikanische Büchsenwurst. Die wird in der Küche in kleine Stücke geschnitten und in die Suppe gegeben. Was für ein Festessen – und das über Tage lang. Auch die sanitären Zustände verbessern sich allmählich. Wir werden das erste Mal entlaust. Eine blutige Prozedur, müssen wir uns dazu doch gegenseitig die ganzen Körperhaare mit stumpfen Rasiermessern entfernen. Und dann kommen wir splitternackt in eine Baracke, die behelfsweise zu einem »Bad« umfunktioniert worden ist. Große Kübel mit lauwarmem Wasser stehen dort bereit. Jedem der Holzkübel werden zehn Mann zugeteilt – was dazu führt, dass mit dem Wasser arg gespart werden muss. Mehr als eine Katzenwäsche ist für keinen von uns drin. Anschließend pudern uns die Russen mit irgendeinem Pulver ein, das schon bald auf unserer zerschundenen Haut schmerzhafte Ekzeme hervorruft.

Ich weiß bis heute nicht, wie ich diese Wochen und Monate in dem Todeslager überlebt habe. Es gibt mir aber die Kraft und Zuversicht, dass nichts mehr schlimmer werden kann, da bin ich mir sicher. Wir erleben den letzten Schneefall in Krasnoarmeisk und die erste Frühlingssonne. Doch dann kommt für ein paar Wochen der Winter bitterkalt zurück, und wir haben die nächste Katastrophe zu überstehen: Die Ruhr bricht aus. Fast alle von uns werden binnen Tagen von ihr befallen. Sie geht mit einem unglaublichen Durchfall einher, bei dem bald nur mehr Blut aus den Körpern herauskommt. Als Latrine dient uns seit Wochen eine große Grube, über die Balken gelegt wurden. Mit Beginn der Krankheit füllt sich die Grube schnell mit reinem Blut. Da in der Nacht jetzt, Ende April, wieder strenger Frost herrscht, friert das Blut an den Balken fest. Bald bilden sich rote Eishügel, seltsame Kunstwerke des Grauens, die sich unterhalb der Balken auftürmen. Die Ruhr fordert noch einmal einen hohen Blutzoll unter uns.

Unsere Reihen lichten sich täglich. Bis August 1943 sterben unseren Schätzungen nach von den 4000 rumänischen, italienischen, österreichischen und deutschen Offizieren wohl gut drei Viertel. Erst als eine Ärzte-Abordnung aus Moskau eintrifft, verbessern sich die Zustände zusehends. Unsere Wachen sind jetzt auch nicht mehr so ruppig zu uns, und die tägliche Verpflegung wird üppiger. In Moskau, so erfahren wir im Lager durch Parolen, ist man auf die hohe Sterberate der Gefangenen von Stalingrad aufmerksam geworden. Die Mediziner untersuchen uns in diesen Tagen intensiv. Sie sind freundlich und nehmen zum Teil sogar Anteil an unserem Schicksal. Keine Ahnung, warum, aber offenbar will man uns wenige verbliebene

Stalingrad-Kämpfer jetzt um jeden Preis retten. Erst später, als man uns nach der deutschen Kapitulation durch die Straßen Moskaus treibt, wissen wir, warum: Wir sind eine Art Trophäe für die Sieger. Und Trophäen werden gut behandelt. Für fast elf Monate komme ich in ein Lazarett bei Moskau. Die Verpflegung ist ausreichend, und es kümmern sich tatsächlich ausgebildete Ärzte um uns. Im Herbst 1944 bin ich wieder soweit hergestellt, dass ich als Arbeitskraft tauge. Ich rücke jeden Tag von unserem Barackenlager bei Moskau in ein nahe gelegenes Walzwerk aus und kümmere mich darum, dass die russischen Panzer schön stabiles Metall bekommen. Ich trage also zur deutschen Niederlage bei, indem ich an einer riesigen Walzenstraße mit einer langen Stange stundenlang den Zunder von glühenden Panzerplatten entferne. Kalt ist mir da nicht mehr. Alle Strapazen, die ich jetzt bei der harten, meist zwölfstündigen täglichen Arbeit erleiden muss, sind nichts im Vergleich zu Krasnoarmeisk. Dieses Lager hat mir letztlich das Leben gerettet. Es hat mich so abgehärtet, dass mich im Anschluss daran nichts mehr erschüttern konnte.

Meine folgende Gefangenschaft dauert bis 1948. Wie viele Transporte in die Heimat muss ich an mir vorüberziehen lassen! Beinahe zu viele, denn irgendwann ist es schwer, die Hoffnung aufrechtzuerhalten. Mal braucht man meine Arbeitskraft, mal bin ich durch eine Verletzung oder eine Krankheit zu geschwächt, um die lange Reise nach Deutschland antreten zu können. Doch dann, im Herbst 1948, ist auch für mich der Zeitpunkt gekommen. Die lange herbeigesehnte Fahrt in die Heimat. Ende Oktober erreichen wir Frankfurt an der Oder. Dort haben die russischen Besatzer noch ein besonderes Schmankerl für uns parat: Wir dürfen an einer politischen Veranstaltung teilnehmen, bei der uns SED-Funktionäre ein paar lebenskundliche Weisheiten mit auf den Weg geben. Ich würde mich am liebsten übergeben bei dem Käse, den die beiden verzapfen. Ich habe am eigenen Leibe miterlebt, wie der Kommunismus funktioniert: durch Spitzelei und Kumpanei. Das ist mir aber gerade alles egal. Irgendwann ist auch der Vortrag vorbei, und mit dem Zug geht es Richtung Bayern und mit dem Bus in meine Heimatstadt. Die Freude zu Hause, als ich endlich zur Tür hereintrete, ist riesengroß. Man war von meiner Ankunft durch den Suchdienst des Roten Kreuzes informiert worden – nur im Datum hatten sich die Rot-Kreuzler geirrt. Drei Tage hatten Bruder, Vater und Mutter vergeblich auf mich am Bahnhof gewartet. So ist die Freude jetzt eben umso größer. Endlich ist für mich alles vorbei. Was andauert sind Erinnerungen an die Kameraden, die das Schicksal gleich zweimal leiden ließ: in der Hölle des Kessels von Stalingrad und im Todeslager von Krasnoarmeisk.

Briefe von daheim

Fritz Vogl, Rosenheim
Grenadier an der Ostfront

Wir laufen. Es ist kein Marsch mehr, wir rennen. Wir rennen um unser Leben, um unsere Freiheit. Seit vier Wochen treibt uns der Russe vor sich her. Eine zusammenhängende Front gibt es jetzt im Frühjahr 1945 an der österreichisch-ungarischen Grenze nicht mehr. Überall ist nur mehr ein Rennen und Fliehen. In Ungarn hatten wir vor ein paar Wochen bei einer letzten großen Schlacht, ich weiß heute nicht mehr genau, wo das war, ein letztes Mal die gewaltige Übermacht der Roten Armee mit voller Wucht zu spüren bekommen. Unsere Kompanie entrichtete einen völlig überflüssigen Blutzoll. Von den letzten 50 Mann waren danach noch 14 im Einsatz. 14 von ehemals 150, als wir 1941 den Krieg gegen Russland begannen. T34-Panzer, riesige Josef-Stalin-Tanks und Hunderte von Sturmgeschützen sind uns seither auf den Fersen. Immer, wenn wir Halt machen und hinhaltend kämpfen – so nennen unsere Offiziere die kurzen Pausen auf unserer Flucht, bei denen wir versuchen, den Russen wenigsten ein bisschen aufzuhalten –, spüren wir endgültig, dass dieser Krieg verloren ist. Was soll jetzt aus uns werden? Seit drei Jahren kämpfe ich in diesem gottverdammten Land als Soldat der deutschen Wehrmacht, und wenn ich ehrlich bin, wusste ich schon nach ganz kurzer Zeit nicht mehr, für wen oder was wir in den Krieg gezogen sind. Der tägliche Überlebenskampf lässt uns keine Zeit fürs Grübeln. In einem Lied aus den Anfängen des Krieges heißt es treffend: »Wovon soll der Landser denn schon träumen? Er hat ja keine Zeit dazu.« Jetzt, heute, hier in dieser Stunde an der ungarischen Grenze, haben wir tatsächlich keine Träume mehr und kaum noch einen Willen.

Nur ein letztes Ziel ist uns geblieben. Nach Hause. Irgendwie nach Hause kommen – oder wenigstens den Amerikanern in die Hände fallen und bloß nicht den Russen. Und so rennen, laufen, stolpern wir nach Westen. Die Tage werden länger, und wir frieren nicht mehr so wie in den letzten Monaten, die für uns die eisige Hölle waren. Und dann sehen wir die Donau. Unser kleiner, versprengter Haufen ohne Führung steht zwischen Pregarten und Linz. Total abgestumpft, fast apathisch gehen wir auf eine Straßensperre der Amerikaner zu. Ein letztes Mal versuche ich, mein Schicksal selbst in die Hand zu nehmen und zu flüchten. Aber das Schicksal meint es anders mit mir. Ich falle entlassenen KZ-Häftlingen in die Hände. Dass sie vom nahen KZ Mauthausen herkommen, weiß ich damals nicht. Rache ist ihnen ins Gesicht geschrieben, und sie machen Jagd auf alles, was eine deutsche Uniform trägt. Ich habe so einiges an Schlägen und Tritten auszuhalten, doch dann wird ihnen die Sache zu langweilig. Mir ist der Vorfall eine Lehre, und ich mache mich nach ein paar Stunden einsamer Flucht auf den Weg zu den Amis. Es ist der 10. Mai 1945 – also doch gefangen. In einem Lager bei Pregarten mitten in der Ostmark – oder wie es schon bald wieder heißen wird, Österreich.

Im Lager ist es die ersten Tage ganz gut auszuhalten. Das Wetter ist herrlich, und ein amerikanischer Oberst sagt uns auf sein »Soldaten-Ehrenwort« zu, dass wir bei den Amis als Internierte bleiben dürfen und nicht den Russen ausgeliefert werden. Wir würden alle bis Ende Mai nach Hause kommen. Zu schön, um wahr zu sein, denke ich mir, und ich werde recht behalten. Am 15. Mai 1945, es ist früher Abend, erscheinen plötzlich russische Truppen mit Lastwagen. Sie verladen uns, ehe wir uns bewusst werden, was eigentlich geschieht. Wir sind eben rechtlos, ehrlos, wertlos – Sklaven des 20. Jahrhunderts. Als ich auf den Lkw steige, ist dies die schrecklichste Stunde, die kommende Nacht die furchtbarste meines Lebens. Doch dem Russen ausgeliefert und keinerlei Nachricht von zu Hause. Wir hören nur Gerüchte, und die Ungewissheit wird unser ständiger Begleiter. Komme ich jemals wieder heim zu meiner Frau, zu meinen Kindern? Was Angst und Ungewissheit aus einem alles machen können: Über Nacht werde ich grau und sehe wie mein eigener Großvater aus.

Mit meinen Kameraden Sepp Wizgall und Hans Krämer treibe ich nun, im Mai 1945, nach drei harten Kriegsjahren, die ich zu absolvieren hatte, einem ungewissen Schicksal entgegen. Nach einer Fahrt von eineinhalb Tagen kommen wir in Hörn an und werden dort in Kasernen untergebracht. Wir bekommen Unterkunft in Baracken und ein zufriedenstellendes Essen. Und wieder wird uns versprochen, wir kämen nun so bald als möglich nach Hause. Nichts als Lügen, wie sich schnell herausstellt. Es geht zu wie bei den Hampelmännern: Der Russe lässt uns antreten, wegtreten, antreten, wegtreten. Immer im Laufschritt. Ich weiß bis heute nicht, warum sie uns ständig in Bewegung halten. Vielleicht, um uns müde zu machen. Müde aber sind wir in diesen Tagen keine Sekunde. Unsere Nerven sind zum Zerbersten gespannt, denn die Ungewissheit jagt uns Angst ein.

Nach sechs Tagen Lagerleben und ständigen sportlichen Übungen werden wir abtransportiert; in Viehwagen, die schwer verrammelt und mit Stacheldraht verdrahtet sind. Zwölf Tage lang rollen wir morgens der Sonne entgegen. Abends steht sie in unserem Rücken. Es geht also nach Osten. Im Waggon herrscht eine Bullenhitze, obendrein gibt es fast kein Wasser und nur wenig zu essen. Das Schlimmste aber ist, dass wir kaum an Frischluft kommen. Die Luft ist zum Ersticken. 45 Mann sind in einem Waggon untergebracht, der vielleicht für die Hälfte gut Platz bieten würde. Wir beklagen die ersten Opfer. Einige von uns werden schwer krank, und zwei Kameraden meines Waggons werden am vierten Transporttag erschossen. Die Russen werfen ihnen vor, sie hätten versucht zu fliehen. Da kennt der Russe keine Gnade. Dabei hatten die beiden nur ein fingerdickes Loch in der Stirnwand des Waggons mit einem kleinen Taschenmesser größer machen wollen, um etwas Frischluft zu bekommen.

Die Fahrt geht jetzt über Budapest nach Ploiesti in Rumänien und von da weiter nach Focsani. Dort ist ein riesiges Sammellager. Bei unerträglicher Hitze kommen wir verschwitzt, verdreckt, verlaust und total apathisch an. Viele können vor Schwäche kaum mehr laufen. Ich schätze, dass 3000 bis 4000 Mann in eine umzäunte, freie Fläche hineingepfercht werden. Es gibt keinen Ort, an dem wir unsere Notdurft verrichten können. Die Hitze, bestialischer Gestank, das Stöhnen der Kranken und Verletzten, das Fluchen, das Husten – das alles wird mir jahrelang nicht aus dem Sinn gehen. Mancher erhängt sich in der ersten Nacht. Mir ist klar: Man will uns weich machen, mürbe, zu willigen Sklaven. Und man will die Spreu vom Weizen trennen, sehen, bei wem es sich lohnt, Verpflegung zu investieren. Die Tschechen, die uns jetzt bewachen, treiben es schlimmer als die Russen. Sie schlagen um sich und quälen uns, wo es nur geht. Überall sind wir der Rache der Sieger ausgesetzt. Und mir kommt ein alter Bibelspruch in den Sinn: Wer Wind sät, wird Sturm ernten. Das ist jetzt unser Sturm, unsere Ernte.

Nach einigen Tagen, ich verliere langsam das Zeitgefühl, werden die Gesunden eiligst abtransportiert – die Ruhr ist ausgebrochen. Mit Toten und Halbtoten ist »Väterchen Stalin« nicht gedient. Es geht über Kiew und Smolensk nach Moskau. Wie waren wir hier auf diesen Rollbahnen noch vor ein paar Jahren nach vorn gebraust. Wir, die Soldaten der Heeresgruppe Mitte, die Moskau erobern sollten. Unbesiegbar, ungestüm, ohne eine Ahnung, was uns blühen würde. Jetzt frisst sich mir der Staub auf den gleichen, breiten, trockenen Rollbahnen ins Hirn und vernebelt mir die Sinne. Jetzt riecht hier nichts mehr nach Sieg, sondern alles nach Verderben. Immer weiter geht es nach Gorki, Molotow und nach Solikamsk, die letzte äußerste Bahnstation im europäischen Ural, 700 Kilometer vom nördlichen Eismeer entfernt, 1700 Kilometer nordöstlich von Moskau und 3870 Kilometer weit weg von zu Hause.

In Solikamsk ist die Welt buchstäblich mit Brettern vernagelt. Es ist wie in einem prähistorischen Urwald. Das Lager dort ist bereits in Friedenszeiten für Sträflinge und Verbannte des russischen Staates errichtet worden und sieht entsprechend aus. Es gibt sechs Baracken, die von einem hohen Bretterzaun umsäumt sind. Zu drei Vierteln stehen die Baracken in der Erde, und das Dach aus Balken und genagelten Brettern ist ebenfalls mit Erde bedeckt. Die Luft in den dumpfen Kellerbaracken ist dementsprechend. Die Umgebung ist öde, ähnlich einer Moränenlandschaft.

Am 5. Juli 1945 habe ich Wasser in meinen Beinen, so stark, dass ich nicht mehr gehen kann. Meine Oberschenkel, der ganze Körper, ja sogar der Kopf sind aufgedunsen. Ich sehe aus wie ein Mann mit drei Zentnern Gewicht. Zuerst werde ich bei einer Meldung im Revier von den Ärzten abgewiesen. Am nächsten Tag aber sieht mich die russische Lagerärztin, eine Jüdin. Sie nimmt mich sofort mit aufs Revier und gibt mir Spritzen und Tabletten. Nach einem zweitägigen Hin und Her zwischen Tod und Baracke bin ich vom Wasser halbwegs befreit – wieder einmal dem Tod von der Schaufel gesprungen. Ich frage mich, wie oft ich mein Glück noch in Anspruch nehmen werden kann.

Nach einem Monat sind die Erfolge der fabelhaften Behandlung – Schläge, Fußtritte, Anspucken gehörten dazu, um den Arbeitseifer zu steigern – bereits deutlich sichtbar. Von uns 100 Mann werden 58 als unbrauchbar abgeschoben; wohin, weiß ich nicht und will es gar nicht wissen. Noch bin ich »brauchbar«, aber Krankheiten greifen mehr und mehr um sich, die Sterblichkeit steigt täglich und Gevatter Tod ist nun bei uns ständiger Gast. Das Schwerste für mich in diesen Tagen ist, dass ich nun von meinen Kameraden getrennt werde. Ich muss von jetzt ab allein und mit Fremden klarkommen in unserem »Erholungslager« – muss alles mit mir selbst ausmachen und kann niemanden um Hilfe oder Rat fragen. Noch nie in meinem Leben habe ich eine solche Einsamkeit verspürt.

Am 28. Oktober 1945 kommt auch der traurige Rest unseres 100-Mann-Trupps weg von Solikamsk. Es geht nach Borowsk. Das Lager an sich ist etwas besser, die Baracken nicht ganz so stickig und muffig. Doch schnell stellen wir fest, dass wir keinen allzu guten Tausch gemacht haben. Was hier schlimmer ist als in Solikamsk, ist die Arbeit am Hafen an der Kama. Bis zum 10. Mai 1946 bin ich in Borowsk und habe fast dauernd Nachtschicht bei zehn bis zwölf Stunden Arbeit. Wir müssen meist Schiffe be- und entladen. Steine mit bis zu vier Zentnern Gewicht müssen von uns geschleppt werden. Natürlich ist bei allen Arbeiten immer Eile geboten. Dies alles im Winter, im ewigen Uralwinter mit Kältegraden bis zu minus 56 Grad. Nie werde ich Weihnachten 1945 vergessen. Jegliche Feier ist uns verboten. Nur mit Lumpen bekleidet müssen wir bei 50 Grad minus im Freien antreten und dürfen uns nur bis zu drei Meter im Quadrat bewegen. Wir »Faschisten« bekommen auf diese Weise unsere Weihnachtsbescherung. Ich weine wie ein Kind vor lauter Kälte, Wut und Heimweh.

Das Essen ist auch hier zum Leben zu wenig und zum Sterben zu viel. Den ganzen Winter gibt es dünne Kartoffelsuppe und Kartoffelbrei aus vollständig gefaulten und gefrorenen Kartoffeln. Oft stinkt es im Speisesaal wie in einer Kartoffelschnapsfabrik – zum Erbrechen. Im Frühjahr 1946 bin ich nun körperlich soweit, dass ich in Stufe drei (schwach, leicht unterernährt) eingestuft werde. Am 10. Mai 1946 werde ich deshalb nach Beresnicky, 200 Kilometer nordwestlich von Molotow, versetzt. Dort erhalte ich meinen ersten Brief von zu Hause. Er ist von meiner Frau, ich kann es kaum glauben. Wie lange habe ich von ihr nichts gehört, ein Jahr, zwei Jahre? Ich nehme ihn wie ein rohes Ei in die Hand, behandle ihn wie einen Goldschatz, und dann lese ich:

Rosenheim, 21. April 1946

Mein liebster Fritz! Unser lieber Vati!
Senden dir die herzlichsten Ostergrüße und wünschen und hoffen, dass sie dich noch erreichen – in guter Gesundheit. Wie geht es dir? Spürst du die Malariakrankheit und die Magenbeschwerden sehr? Wir denken immer an dich. Ich freue mich unsagbar auf deine Heimkehr, und unsere Kinder sehnen sich auch nach dem Vati. Wir sind alle gesund. Mausi wird schon groß und lernt gut und ist munter und lebhaft wie immer, sie ist in vielem schon sehr verständig, und Christalein ist auch so lieb. Sie fängt ein bissl zu plappern an und ist in allem sehr drollig. Im Geschäft gibt es viel zu tun: ich habe Lager und Verkauf der Keramik unter mir und kann mit Hansjörg gut zusammenarbeiten. Nach dem Geschäft bin ich immer gerne Mutti und Hausfrau.

Habe manchmal Möglichkeit, Möbelstücke und dergleichen für unser Heim zu kaufen. Es soll wieder gemütlich sein, wenn du kommst. Mein ganzes Sinnen und Trachten geht um dich, mein lieber Fritz; erst wenn du zu Hause bist, wird das Leben wieder schön für mich. Von allen Lieben, Verwandten und Bekannten recht viele Grüße. Alle wünschen dir das Beste. Auf Wiedersehen! Immer dein Stutzl.

Ich breche in Tränen aus, schwanke zwischen Hoffen und Bangen. Doch in Windeseile holt mich der Alltag eines Gefangenen wieder ein. Am 18. Juni 1946 komme ich auch von Beresnicky weg – wegen Vitaminmangelerscheinungen. Ich häute mich ständig und bin immer noch sehr schwach. Ich werde erneut verlegt, komme in ein Lager bei Molotow. Auch darüber gäbe es so viel zu erzählen, aber es macht keinen Sinn, denn schließlich ist ja alles doch nur immer eine Wiederholung dessen, was ich in den vorhergehenden Lagern schon durchgemacht habe. Und doch, eine kleine Steigerung gibt es noch. Mein neues Lager ist wieder so richtig »unter aller Sau«. Die Sträflinge, die hier vor uns gehaust haben, haben alles verdreckt, was nur möglich war. Scheinbar haben sich die Wärter daraus einen Spaß gemacht, unsere Vorgänger wohl noch angespornt. Oft hören wir den Satz: »Warum sollen die deutschen Schweine besser hausen als unsere Sträflinge?« Jedenfalls müssen wir erst mal selbst Ordnung schaffen, wo es nur geht, um überhaupt in den Baracken hausen zu können.

Es sind alte Kartoffelbunker, nur Bretterbuden, halb in den Boden eingebaut, dumpf, modrig, feucht. Das

Dach ist wie ein Sieb, mit Lehm abgedeckt. Bei Regen schwimmt der Baracken-Inhalt zur Tür hinaus und wir gleich mit. Es gibt wieder keine trockene Stelle, aber andererseits auch kein Wasser zum Waschen. Oft ist es mir zum Verzweifeln. Bis ich wieder einen Brief von zu Hause bekomme:

Rosenheim, 6. November 1946

Mein liebster Fritz! Unser lieber Vati!
Größte Freude über dein Lebenszeichen. Sind alle gesund und es geht uns gut. Mausi lernt gut, Christa plappert schon. Herzlichste Geburtstags- und Weihnachtsgrüße. Auf Wiedersehen, dein Stutzl und Angehörige, Bussi von Mausi und Christa.

Briefe von daheim. Sie halten mich in diesen Tagen am Leben, geben mir Energie und Hoffnung. Die habe ich auch bitter nötig, denn am 29. November verunglücke ich zu allem Überdruss auch noch mit einem Lkw; dabei breche ich mir das Schlüsselbein und ziehe mir schwere Prellungen zu. Ich soll, wenn es nach der russischen Ärztin geht, zwar am nächsten Tag schon wieder arbeiten, aber der Körper zeigt deutlich, dass es nicht geht. Das russische »ärztliche Genie« muss seinen blödsinnigen Befehl zurückziehen. Behandlung erfahre ich keine, deswegen sitzt auch heute, lange Jahre nach der Gefangenschaft, die rechte Schulter noch etwas höher. Da ich dem Lager Molotow nun keinen Gewinn mehr bin, werde ich nach Kiesel versetzt – zur Arbeit im Kohlenschacht. Auch dort erhalte ich zu meiner großen Freude wieder Post, diesmal von meinem Vater. Ein wunderbares Weihnachtsgeschenk.

Rosenheim, 25. Dezember 1946

Lieber Fritz!
Christtagnachmittags im Forstamt. Anwesend: Mux, Mausi, Christl, Lisl, Mariele und »Opapa« unterm Christbaum. Gedenken deiner und bedauern, dich nicht bei uns zu haben wie ehedem. Hoffen auf deine baldige Rückkehr! Das ist unser sehnlichster Wunsch zum neuen Jahre für dich und uns. Wir sind alle gesund und nehmen das Gleiche auch von dir an. Unsere Karten wirst du erhalten haben. Lass auch wieder von dir hören. Zum neuen Jahre alles Gute und herzlichste Grüße! Dein Vater, liebster Fritz!

Weihnachten feiern wir wieder in einem fremden Lager, das heißt, wir sehen zu, wie andere Kameraden feiern dürfen. Wir sind hier ja noch fremd, bekommen also keinerlei Vergünstigungen. Die deutschen Kameraden grenzen uns aus, saufen ihren Kartoffelschnaps lieber alleine und verputzen ihre Sonderration, ohne uns einen Bissen davon abzugeben. Typisch deutsch, denke ich mir. Ich will lieber über einige Dinge schweigen. Ich müsste mich, wir alle müssten uns schämen, Deutsche zu sein. Uns Kriegsgefangenen prägt sich in dieser Zeit ein geflügelter Satz ein: Lieber zwei russische Vorgesetzte als einen deutschen.

In der Silvesternacht 1946 marschieren wir, etwa 200 deutsche Kriegsgefangene, in unser neues Schachtlager »Schacht 6« bei Kiesel. Den sechs Kilometer langen Marsch in der Neujahrsnacht 1947 werde ich wohl nie in meinem Leben vergessen. Fast rührend sind meine Erinnerungen an diese kalte, aber zauberhafte Winternacht. Es geht durch eine wildromantische Schneelandschaft, zwischen mächtigen Urwaldriesen und ungepflegtem Gestrüpp hindurch, das schwer beladen ist mit strahlend weißem Schnee. Zwei Meter hoch liegt hier die weiße Pracht, und das Marschieren fällt uns auf dem schlecht geräumten Weg sehr schwer. Kurz vor Mitternacht überholt uns ein russischer Taiga-Schlitten. Ich bin ziemlich an der Spitze unserer Marschkolonne. Plötzlich kommt die vorderste Rotte ins Stocken. Wir hören Rufe und Schreie und stapfen, so schnell es geht, ganz nach vorne. Und da sehen wir ihn, den wunderbaren Schlitten der Russen, auf der Seite liegend, um ihn herum in weitem Kreis orange kleine Punkte. Wir ahnen in Sekundenschnelle, dass das etwas Genießbares sein könnte. Und tatsächlich: Der Schlitten hatte Mandarinen geladen – natürlich nicht für uns, sondern für die russische Kommandantur. Das ist uns jetzt gerade schnurzegal. Wir bedienen uns selbst. Ich ergattere in dem Durcheinander zwei der wunderbaren Früchte, trotz meines Armes, den ich von dem Autounfall in Molotow her in der Schlinge trage. Unsere schwer bewaffneten Posten können das nicht verhindern, weil wir wieselflink zugreifen. Tausend Finger haben die Russen nicht unter Kontrolle. Schnell verstecke ich die Beute in der Hose und reihe mich wie ein Engel brav wieder in die Kolonne ein. Als wir im Lager ankommen, ist unser kleines Vergnügen gleich wieder Vergangenheit. Alles sieht recht ungemütlich aus. Ungeheizt, grob gezimmerte Holzpritschen, kein Licht, nichts zum Essen. Das ist also das Neujahr 1947. Ein Jahr, das mit Mandarinen beginnt und das mir ein so gutes, schönes werden soll. Das Jahr, in dem meine Gefangenschaft enden wird. Bis zu meiner Entlassung halten mich die Nachrichten aus der Heimat am Leben. Nach jedem Brief weiß ich es genauer: Ich werde es schaffen.

Rosenheim, 4. Januar 1947

Mein liebster Fritz! Unser lieber Vati!
Als erste Post im neuen Jahr kam deine Karte. Nehme dies als gutes Zeichen und erwarte nun 1947 deine Rückkehr. Wie geht es dir im Winter? Uns geht es allen sehr gut, wir sind gesund. Ich habe mit den Kindern und Verwandten Weihnachten gut verbracht – so gut als möglich ohne dich! Christalein kennt dich nun schon auf dem Foto und gibt dir immer Bussis. Sie wird so lieb und ist ein kleiner Frechdachs ... Von allen Lieben herzliche Grüße. Dir, mein liebster Fritz, innigste Grüße und viel Glück. Immer dein Stutzl!

Doch noch bin ich Tausende Kilometer von zu Hause entfernt. »Schacht 6« ist die Hölle. Die Arbeit ist mörderisch. Ständig stehen wir mit einem Fuß im Grab. Schläge ins Gesicht, Fausthiebe, Fußtritte, Schläge mit Hämmern, Brecheisen, Schraubenschlüsseln sind an der Tagesordnung. Manchmal ist die ganze Schinderei kaum noch zu ertragen. Dazu gibt es auch im Lager eine teuflische Behandlung. Unser Lagerkommandant ist ein Volksdeutscher aus Lodz in Polen – ich sehe in ihm den Satan in Menschengestalt. Nach zehn- bis zwölfstündiger Schachtarbeit todmüde, müssen wir auch noch Arbeitsdienst im Lager leisten. Schneeräumen, Holz machen, die Latrinen reinigen. Für kleinste Vergehen müssen wir Stunden bei eisiger Kälte im Freien stehen. Oft schlafe ich nur vier bis fünf Stunden, und dann geht es wieder hinunter aus dem Lager in die schwarze Hölle von »Schacht 6«. Dort lerne ich das Schweigen. Es ist besser, mit niemandem zu reden, niemandem und keinem mehr zu trauen, denn es ist nur mehr Verräterei, Kriecherei und Schacherei unter uns. Wir verlieren jeglichen menschlichen Zug, wenn wir als Einzelkämpfer um unser Überleben ringen. Für jeden Verrat an einem Mithäftling gibt es eine dünne Wassersuppe als Zulage. Und jeder gibt sich Mühe, mit rechten oder unrechten Aussagen, manchmal auch mit richtiger Verleumdung, ein Süppchen zu verdienen. Der Kommandant, der dieses Spitzelsystem aufbaut, heißt Petschalnik. Absichtlich halte ich hier diesen Namen fest. Ich will und werde ihn nie vergessen. Seelisch und moralisch sind wir fast alle komplett am Ende. Mancher büßt sein Leben ein, so auch ein aufrechter, echter Kamerad von mir: Hansl Spreizhofer aus Winkl bei Graz. Er verunglückt neben mir bei der Arbeit im Schacht durch Steinschlag. Da durch Unfälle und Krankheiten und Ausfälle wegen Schwäche die deutschen Gefangenen immer weniger werden, wird am 8. Mai 1947, zwei Jahre nach unserer Kapitulation, das Lager »Schacht 6« aufgelöst. Und der traurige Rest von uns kommt nach Bonlowicka ins Lager »Stalinschacht«, wo mich ein letzter Brief von zu Hause erreicht:

Rosenheim, 8. Mai 1947

Mein liebster Fritz! Unser lieber Vati!
Hab deine Karten mit größter Freude erhalten. Bin doch immer in Sorge um dich! Bekommst du meine Briefe mit Foto? Peter Aringer hat mir geschrieben. Er ist seit März zu Hause. Wir sind alle gesund, und es geht uns gut, und wir warten immer auf dich! Mausi und Christa sehnen sich auch so nach dem Vati. Mausi ist schon recht groß und macht sich gut, ist schon recht selbständig. Christa ist ein Dickerle mit schwarzen Äuglein und ein kleiner Kasperl, recht humoristisch, geht in den Kindergarten, hat bestes Essen; auch Mausi in der Schule. Bei mir ist alles beim Alten, bin, bis du kommst, fest im Geschäft tätig, da ich den ganzen Keramik-Osterverkauf führe, bin aber immer gerne Mutti und Hausfrau. Habe in meinem Haushalt Dienstmädchen. Nun wieder meine allerherzlichsten Grüße und auf ein baldiges Wiedersehen hofft sehnlichst dein Stutzl. Viele Bussi, Mausi und Christa, und Grüße.

Im »Stalinschacht« ist es mit den Schlägen nicht mehr so schlimm, aber die Arbeitsstelle entpuppt sich dafür als die reinste Katastrophe. Wir finden einen ganz primitiven Schacht ohne Fahrstuhl vor. 1600 Stufen führen uns in die Tiefe. Die müssen wir täglich rauf und runter. Die Stollen und Flöze sind baufällig, und ständig stürzt irgendwo ein Stückchen ein. Die Stollen sind sehr niedrig. Fast dauernd ist man nass und ewig in Gefahr, verschüttet zu werden. Da braucht man schon mehrere Schutzengel. Jeden Tag gibt es

Unfälle, Arm- und Beinbrüche, Lungenquetschungen, Schädelbrüche. Irgendwann bin auch ich mal dran. Am 19. September 1947 um 12.30 Uhr werde ich nach einer Sprengung und einem Abrutsch der Kohle- und Gesteinsmassen halb verschüttet. Mir wird das linke Bein zerquetscht. Bis 19 Uhr liege ich im Schacht und werde dann von zwei Russen und von Kameraden nach oben befördert. Ich komme sofort ins Lagerlazarett und werde dort ärztlich behandelt – allerdings nur sehr notdürftig. Kein Gips, keine Schienung, nur ein Verband wird angelegt. Bis zum 30. Oktober 1947 liege ich dort. Dann kommt das Unfassbare: Gegen 23.30 Uhr steht plötzlich ein russischer Arzt vor mir, lässt mich aufstehen, einen kurzen Gehversuch machen, und dann notiert er meine Personalien und verschwindet wieder. Ich schlafe weiter, kann den Vorgang nicht recht deuten. Um 8 Uhr früh werde ich geweckt, vom Sani. Er sagte zu mir: »Da, nimm deine Sachen. In einer Viertelstunde musst du angezogen sein. Du fährst heim.« Ich lache nur. Wer glaubt denn noch so etwas. Zu oft schon bin ich angelogen worden. An das Heimkehren glaube ich in diesem Augenblick wirklich nicht.

Kameraden helfen mir beim Anziehen. Eine halbe Stunde später werde ich auf ein Lastauto verladen, und ab geht es nach Kiesel. Dort kurze Entlausung, Umkleidung und abends werde ich mit anderen Kameraden in Viehwaggons verladen. Um 23 Uhr dampfen wir ab nach Molotow. Dort werden noch etliche Waggons angehängt, und weiter geht es nach Gregorioijewsk. Dort stoßen wieder einige Waggons zu uns. Die Fahrt geht weiter nach Gorki, dann nach Moskau.

Es riecht nach Westen. Am 6. November 1947 kommen wir in der sowjetischen Hauptstadt an. Ich feiere auf der Fahrt ins Glück meinen Geburtstag. Noch immer glauben wir aber nicht daran, dass sie uns wirklich heimbringen. Erst als wir dann Smolensk und Minsk passieren, keimt in uns echte Hoffnung, die noch wächst, als wir Brest-Litowsk und Warschau an uns vorbeiziehen sehen. In Frankfurt an der Oder sind wir zwei Tage zur Entlassung. Von dort fahren wir über Erfurt zum Truppenübungsplatz Hammelburg, wo wir endgültig vom Amerikaner übernommen und schließlich entlassen werden.

Am 21. November 1947 trete ich die schönste Fahrt meines Lebens an: die Fahrt in die Heimat. Abends komme ich in Rosenheim an, und meine Tochter Mausilein ist die Erste, die mich »daheim bei uns« begrüßt. Meine Frau und ich liegen uns in den Armen. Ich bin nach harten, bitteren Trennungsjahren für sie und meine Kinder heimgekehrt. Wenn ich auch humple, unser Weg ist wieder ein gemeinsamer durch dick und dünn, so wie es immer war. Mag kommen, was will, wir beide wollen und werden es meistern, denke ich, und umarme meine Frau noch fester. In all den langen Jahre der bitteren Trennung und der harten Kriegsgefangenschaft, als ich das Leben in seinen dunkelsten Tiefen kennenlernen musste, als der Tod ein ständiger Begleiter war, da gab ich mir und ihr ein Versprechen: meiner Nachwelt das Erlebte zu erzählen. Das habe ich hiermit getan.

Niemand weiß, wo sie geblieben sind …

Hans Dehmer, Rosenheim
Soldat an der Ostfront

Oktober 1944 mitten in Serbien. An einem Ort, dessen Namen ich nicht aussprechen kann und den ich mir deshalb nicht merke. Drei Jahre Krieg liegen hinter mir. Die letzten Monate habe ich erfahren müssen, wie es ist, gegen die Rote Armee zu kämpfen. Ein gnadenloses, gegenseitiges Abschlachten, bei dem wir fast immer den Kürzeren ziehen. Ich weiß nicht, was aus mir und meinen Kameraden noch werden soll. Es ist Sonntag, 8. Oktober 1944. Genau in sieben Monaten wird das Deutschland, das wir bisher kannten und in dem wir allesamt aufgewachsen sind, nicht mehr sein, die Wehrmacht wird bedingungslos kapituliert haben.

Schon ganz frühmorgens heißt es für uns heute: »Fertig machen zum Angriff«. Die Schlacht um Belgrad, bei der Tausende ihr Leben lassen werden, treibt auf ihren Höhepunkt zu. Der Russe versucht seit Tagen, unsere Heeresgruppe E abzuschneiden. Mitten drin: Meine Kompanie Gebirgsjäger, oder sagen wir, was davon noch übrig ist. Zehn Mann sind wir noch, von einstmals 150. Doch daran denken wir jetzt nicht, als wir aus unseren Löchern kriechen. Es herrscht starker Nebel. Dann heißt es, wir müssen zu Fuß auf eine kleine Anhöhe durch den Wald. Als wir in den Wald stoßen, kracht es an allen Ecken und Enden furchtbar. Wir sehen nicht, wo die Schüsse herkommen und hauen uns sofort in den Dreck. Sind es die Russen oder unsere eigenen Leute, die uns im Nebel nicht erkennen? Stundenlang herrscht jetzt blankes Chaos. Überall hört man Schreie. Dann wird es plötzlich ganz still. Ich weiß, dass ich genau jetzt etwas unternehmen muss. Um mich herum sehe ich niemanden mehr. Und dann renne ich wie um mein Leben auf ein paar Häuser zu. Ich spüre, dass mich jemand verfolgt, aber ich weiß nicht, wer es ist. Bloß nicht stehen bleiben, bloß nicht umdrehen, ja nicht stolpern – das ist das einzige, was mir durch den Kopf geht. Schon nach ein paar hundert Metern dann weiß ich, was die Stunde geschlagen hat. Zwei Russen auf Pferden jagen neben mir her. Ich merke, wie meine Beine schwer werden und die Iwans sich über mein sinnloses Rennen lustig machen. Da bleibe ich stehen und nehme die Hände hoch. Die beiden sehen eigentlich nicht besonders bedrohlich aus auf ihren kleinen Panje-Pferden. Fast muss ich grinsen. Auch wenn mein Leben gerade am seidenen Faden hängt. Die Russen springen ab und stoßen mich in einen Straßengraben. Sie machen mir verständlich, dass ich dort gefälligst liegen bleiben soll. Der eine filzt mich noch von oben bis unten, dann sehe ich, wie immer mehr deutsche Soldaten in den Straßengraben gestoßen werden. Plötzlich sind zehn, zwanzig Mann um mich herum, alle die Arme hinterm Kopf verschränkt und mit einem Gesichtsausdruck, der nichts Gutes verheißt. Ein paar haben es trotz des Nebels nämlich schon gesehen, dass die Rotarmisten ein

Maschinengewehr herbeischaffen. Wenn man denkt, dass es gleich mit einem vorbei ist, gehen einem seltsame Sachen durch den Kopf. Ich brauche ein paar Minuten, bis ich meine Gedanken ordnen kann, sie auf meine Mutter und die Heimat richte. Auch ein »Vaterunser« bete ich noch schnell. Und wünsche mir vom Herrgott, dass ich gleich tot bin, wenn sie zu schießen beginnen. Den Gnadenschuss zu bekommen stelle ich mir in dem Graben nahe Belgrad, in dem ich gerade liege, schrecklich vor.

Aber es kommt ganz anders. Der Russe lässt plötzlich vom Maschinengewehr ab. Es gibt ein Geschrei und Gerenne unter den Iwans. Versprengte Deutsche sollen unterwegs sein. Und das ist unser Glück. Es dauert eine ganze Weile, dann werden wir mit anderen Gefangenen zusammen in einen Keller gelegt. Auch leicht Verletzte sind darunter. Der Russe nimmt gerade auf sie überhaupt keine Rücksicht. Wenn ich heute aus dem Keller durch ein Fenster blicke, sehe ich immer noch die Stiefel von Wachtposten – damals in dem kleinen Ort bei Belgrad.

Im Keller ist es bitterkalt. Wir sind zusammengepfercht und die Nacht ist lang. Frühmorgens werden wir aus dem Keller geholt. Gott sei Dank haben wir noch einen schönen Oktobertag und können uns an der Sonne ein bisschen erwärmen. Als wir losmarschieren geht es ostwärts auf einer Straße, auf der zuvor Kampfhandlungen gewesen waren. Überall liegen Tote und völlig zerstörtes Material. Und dann kommt der nächste Schock für uns: Die Russen übergeben uns zivilen Partisanen. Was diese an Kleidung und Schuhen brauchen, ziehen sie uns sofort aus. Jetzt müssen wir barfuß weitermarschieren – manche sogar ohne Hosen.

Drei Tage treiben sie uns immer weiter nach Osten. Wer vor Schmerzen nicht mehr weiter kann oder aus lauter Erschöpfung zusammenbricht, wird umgelegt. Immer mehr Gefangene kommen herbei. Ich bin mit meinen 23 Jahren noch jung und in diesem Alter ist man noch voller Energie. Deshalb denke ich mir, dass sie mich nicht so schnell umbringen können. Es geht immer weiter und irgendwann wechseln die Wachtposten wieder. Wir haben Glück und erhalten wieder Rotarmisten als Bewachung. Lange ziehen wir auf einer russischen Vormarschstraße den Marschkolonnen der Russen und ihren Panzern entgegen. Oft machen sich die Russen den Spaß, ganz nah mit ihren Panzern an uns heranzufahren. Ich versuche immer einmal in der Mitte oder außen zu marschieren, je nachdem, wie sich die Lage ergibt. Endlose Züge von Soldaten sehen wir, hunderte von Panzern. Und eine Angst fährt uns in die Glieder: Wer soll die noch aufhalten?

Oft marschieren wir 30 Kilometer am Tag. Wenn ich dazu Gelegenheit habe, ernähre ich mich von Weißdornbeeren und allem, was ich sonst noch erwischen kann. Ich kann es kaum glauben, aber nach vier Tagen Marsch sind wir wieder in der Ortschaft Zajezar, in der wir vor einer Woche gekämpft hatten. Die Straßen sind jetzt voller Zivilisten, die über unsere Gefangennahme jubeln.

Von Zajezar sind es noch ein paar Kilometer zur bulgarischen Grenze. Für uns ist es ein Trost, dass noch schönes Wetter ist. Wie lang werden uns unsere Füße noch tragen? Barfuß? Noch wochenlang ...

Jetzt geht es erst mal nach Rumänien. In die Hafenstadt Reni. Es ist schon November und immer noch haben wir keine Gelegenheit zum Waschen. Mein Hemd ist dreckig und eigentlich nur noch ein Fetzen. Mein Bart geht schon weit übers Kinn. Eines Tages merke ich, dass ich voller Läuse bin. Natürlich steckt einer den anderen an und sie vermehren sich rasant. Zuletzt kann ich sie direkt vom Kopf und der Körperbehaarung abstreifen. Eines Tages hören wir, dass eine Epidemie an Fleckfieber ausgebrochen sei und schon viele dahingerafft habe. Vor dieser Epidemie bekommt auch der Russe Angst. Man hat bei dieser Krankheit wahnsinnige Schmerzen. Wir werden in Quarantäne verlegt, denn Fleckfieber ist tödlich – und wird durch Läuse übertragen. Eines Tages heißt es: »Antreten!« Wir werden in eine Baracke geführt, in der eine russische Ärztin an einem Tisch sitzt. Jeder muss bei ihr vorbeigehen und die Hosen runterlassen. Sie kneift einem mit der Hand in den Hintern. Der Russe, der neben ihrem Tisch steht, hat ein Rasiermesser in der Hand, mit dem er rücksichtslos ohne Seife die Achselhöhlen und die Schambehaarung rasiert. Auch der Kopf wird geschoren, wir bekommen alle eine Glatze. Bei mir ist das Messer nicht mehr allzu scharf, deshalb blute ich aus vielen Schnittwunden. Die Letzten von uns werden quasi geschabt. Die Russinnen haben ihr Vergnügen, als sie das sehen. Auch mein Bart muss daran glauben. Meine Haut ist von den Läusen derart angegriffen, das mein Gesicht vollkommen entstellt ist. Ich bin 23 und sehe aus wie ein Greis. Wenn mich meine Mutter so sehen könnte, würde sie mich wohl nicht mehr erkennen, denke ich mir. Wochen später habe ich das Glück, etwas Wagenschmiere zu finden, diese schmiere ich mir in das Gesicht. Es ist mir egal, wie ich damit aussehe, wenn es mir nur etwas hilft. Ich kann mich nicht mehr genau erinnern, wie ich von dieser Krankheit befreit wurde. Wahrscheinlich half das Schmierfett.

Inzwischen ist es Dezember, und der Winter ist eingebrochen. Ich muss etwas unternehmen, da ich ja immer noch barfuß umherlaufe. Es ist zwar noch nicht viel Schnee, aber der Wind ist eiskalt. Eines Tages erwische ich ein paar alte Lumpen, die ich mir um die Füße binde und mit einer Schnur festziehe. Es ist dennoch schlimm mit den eisigen Füßen, zumal wir immer noch auf blankem Erdboden schlafen müssen. Viele bekommen die Ruhr und Lungenentzündung, und die älteren Jahrgänge rafft der Tod dahin. Man kann sich gar nicht vorstellen, was sich in einem so großen Gefangenenlager abspielt. Den Russen ist es egal, wie viele von uns sterben, und jeder von uns will das grausame Spiel einfach nur überleben. Jeden Tag bete ich, bevor ich einschlafe oder zum Arbeiten in den Hafen raus muss, dass ich irgendetwas zum Essen ergattern werde. Nachts träumt man im Schlaf von einem guten Essen, und wenn man aufwacht, hat man den Schmerz des Hungers im Magen.

Am Heiligen Abend 1944 geben die Russen uns abgekochtes Wasser mit Zwiebeln darin – das Gemüse muss man allerdings im Wasser suchen. In der Baracke ist es kalt. Wir rücken ganz eng zusammen, um nicht so zu frieren. Ich habe eine Decke ergattert, die ich mir um den Kopf schlinge. Wenn einer zur Latrine raus muss, gibt es kein Licht. Jeder muss sich quasi durch die Menge tasten und blind versuchen, raus und wieder zurück an seinen alten Platz zu finden. Im Januar bekommen wir dann russische Stepphosen und Jacken, und in den Baracken gibt es einen Ofen zum Heizen. Wir können auf die Donau hinunterschauen, sie bringt schon Eisschollen. In den kalten Wintermonaten müssen aber noch viele von uns ins Gras beißen, und keiner weiß, wo unsere Toten verscharrt werden. Jeder sehnt sich nach der Heimat. Vielleicht, so denken wir, kommen wir ja bald nach Hause. Dieser Traum erfüllt sich jedoch nicht. Es werden noch fünf Jahre Sklaverei folgen. Am 8. Mai 1945 frühmorgens gibt es eine große Knallerei und viel Geschrei. Was ist passiert? Für die Russen ist der Krieg zu Ende – für uns soll er sich aber noch lange hinziehen. Es dauert nicht lange, bis eines Tages eine Gruppe von uns auf amerikanische Lkw verladen wird. Leider habe ich das Pech, wieder dabei zu sein. Nach ein paar Stunden Fahrt treffen wir in einem Hafenort ein – er heißt Izmail und ist der letzte Donauhafen der Russen. Von hier aus fließt die Donau ins Schwarze Meer. Wieder lässt man uns in einer Baracke auf Bretterböden schlafen.

Es ist Mai. Die Sonne brennt erbarmungslos hernieder, die Felder stehen hoch, die Natur wird wieder von ihren herrlichen Farben belebt. Einmal die Glocken der Kirchen meiner Heimat wieder zu hören, das ist mein größter Wunsch. Der Krieg ist ja schon zu Ende. Die Russen vertrösten uns aber immer wieder mit dem Wort »Skorade«, was so viel heißt wie, wir kämen bald nach Hause. Was wir nicht wissen: Der Russe stellt zu dieser Zeit für die Kriegsgefangenen einen Fünfjahresplan auf. Nach Wochen der Schufterei für die Russen kommt in mir wieder der Freiheitsdrang hoch. Meinen 25. Geburtstag will ich in Freiheit erleben, außerhalb von Stacheldrahtzäunen. Am 30. Mai 1945 arbeite ich auf dem »Stanzia«, dem Bahnhof. Meine Schicht dauert diesmal von morgens sechs bis abends 19 Uhr. Meine Flucht ist schon geplant. Wenn sie gelingen sollte ist es mein Ziel, möglichst an die Ufer der Donau zu kommen.

Die beste Möglichkeit zu fliehen ist von der Latrine aus. Sie steht an einer günstigen Stelle. Dort ist der Stacheldraht niedrig und hat außerdem ein Loch. Trotz der russischen Scheinwerfer ist es hier am dunkelsten. Wenn man austreten muss, hat man sich aber beim Posten abzumelden und anschließend wieder zurückzumelden. Als die Ablösung vonstatten geht, spreche ich einen der Kameraden an, die uns ablösen sollen, ob er nicht wieder ins Lager zurückgehen wolle. Er ist sofort damit einverstanden, denn jeder ist froh, wenn er nicht arbeiten braucht. Dem Wachtposten fällt das gar nicht auf, Hauptsache, die Zahl der Gefangenen stimmte. Für den Posten wäre es nur peinlich, wenn einer fehlen sollte. Einige Kameraden schauen mich verdutzt an, weil ich zurückbleibe. Keiner kann sich vorstellen, was ich in dieser Nacht vorhabe.

Wir müssen Weißbohnen aufstapeln. Rund um die Stapel legen wir volle Säcke. Auf diese Leinensäcke sind die Zivilisten sehr scharf, sie machen sich Bekleidungsstücke daraus. Ich will mir deshalb unbedingt einige von diesen Säcken unter den Nagel reißen, um sie später für Proviant einzutauschen. Es ist schon Mitternacht, die Nacht ist stockfinster. Immer wieder blicke ich umher, ob ich nicht beobachtet werde. Ich spioniere von einer Arbeitsgruppe zur anderen und lausche, was die Kameraden so untereinander besprechen. Drei von ihnen fallen mir besonders auf. Sie wollen auch etwas unternehmen. Das heißt, ich muss ihnen zuvorkommen, sonst werden sie womöglich alles vermasseln. Ein paar Säcke habe ich schon unter meiner Jacke versteckt. Ich gehe auf den Posten zu und frage auf Russisch, ob ich auf den Abort gehen könnte, worauf dieser »Dawei«, auf geht's, sagt.

Im Gehen schaue ich mir nochmals alles gründlich an. Ich muss unbedingt barfuß über den Zaun springen, denn das geringste Geräusch wäre gefährlich. Dieser Sprung glückt mir. Ich lande in einer Mulde, bleibe dort erst einmal liegen und horche, ob alles ruhig ist. Mein Herz pocht wild. Manchmal meine ich, ich kann es von Russland aus bis hierher nach Deutschland schlagen hören. Vor mir liegt nun die Hauptstraße, die ich überqueren muss. Auch das gelingt, aber alle paar hundert Meter lege ich mich hin und horche, ob mir auch wirklich nichts und niemand über den Weg laufen wird. Ich weiß: Jetzt muss ich so lange marschieren, bis die Sonne aufgeht. Als ich an einem Bahndamm ankomme, habe ich mir bereits ein paar Dornen in den Fuß getreten, aber vor wachsamer Anspannung kenne ich jetzt keine Schmerzen. Nochmals blicke ich zurück zu meiner Arbeitsstelle, ob nirgends Leuchtspurmunition, abgefeuert von den Russen, in die Höhe geht. Das wäre das sichere Zeichen, dass man nach mir sucht. Auf einmal liegt vor mir ein Flugplatz. Er ist nicht groß, aber ich muss über diesen Präsentierteller hinweg. Doch auch das glückt mir. Noch wenige Stunden, dann bin ich aus der Gefahrenzone!

Wie lange kann doch ein Tag sein! Zerlumpt und gequält vor Hunger und Durst muss ich diesen ersten Tag meiner Flucht in völliger Einsamkeit verbringen. Ich traue mich kaum, den Kopf hochzuheben, man muss immer vorsichtig sein. Wenn ich Lärm höre, weiß ich, dass ein Dorf in der Nähe ist. Die Sonne brennt jetzt erbarmungslos auf meinen ungeschützten Körper. Für ein paar Stunden schlafe ich wieder ein. Meine Säcke habe ich noch bei mir, die müssen mir Brot und Zivilklamotten einbringen. So blutrot, wie die Sonne aufging, so geht sie im Westen auch wieder unter.

Tagelang marschiere ich über Felder und Wiesen. Nachts ist es jetzt nicht mehr gar so dunkel: Der Mond steht hoch am Himmel. Und dann sehe ich sie von einer Anhöhe herab blickend: Dort unten schlängelt sich wie ein Silberstreifen die Donau ostwärts. Mein Gedanke ist, auf einem Kahn hinüber an das andere Ufer der Donau, ins rumänische Gebiet zu gelangen. Noch einmal will ich in einem Kornfeld eine kurze Rast einlegen. Aus dieser Rast wird ein tiefer Schlaf, bis mich am nächsten Morgen die starken Strahlen der Sonne wecken. Mittags brennt die Sonne ohne Erbarmen nieder, und ich bin von großem Durst geplagt. Hin und wieder nehme ich ein Stück Brot in den Mund und kaue es gegen den Durst. Doch schließlich wird er unerträglich und zwingt mich dazu, unvorsichtig zu werden. Ich entschließe mich, in ein Dorf zu schleichen. Und ich habe Glück. Unbeobachtet kann ich an einem kleinen Brunnen schnell ein paar Schlucke brackiges Wasser aus einem Kübel ergattern.

Nächtelang muss ich im Freien schlafen, und die Nächte sind kalt. Wie kann ein menschlicher Körper nur so viel aushalten, frage ich mich. Es war wohl der Russlandkrieg, in dem wir Tausende von Kilometern hatten marschieren müssen, der uns abgehärtet hat. Beim Morgengrauen geht es schon wieder weiter, bis ich durch große Weingärten komme, in denen kleine Lehmhütten stehen. Sie sind bewohnt. Ein alter Mann kommt heraus, und ihn bitte ich auf Russisch um Wasser. Er geht zurück, winkt mich herein und gibt mir einen Becher voll wunderbar kühlem Nass. In der Ecke sitzt eine alte Frau, die mich verdutzt ansieht, denn sie erkennt sofort, dass ich ein entflohener Kriegsgefangener bin. Mit meinem bescheidenen, aber brauchbaren Russisch frage ich die beiden, ob es ihnen gut gehe. Ein bisschen Konversation kann nicht schaden, schließlich will ich bei ihnen meine Jacke eintauschen. Der Mann verneint, doch als ich gerade wieder hinausgehen will, ruft er mich zurück, ich solle dableiben, er wolle mir etwas besorgen. Als er draußen ist, traue ich ihm aber nicht mehr so recht. Ich habe das Gefühl, dass mich dieser Kerl verraten will. Heimlich schleiche ich mich hinterher und verstecke mich hinter einem Baum. Es dauert nicht lange, da sehe ich zwei Zivilisten auf das Haus zukommen. Einer hat eine Stange in der Hand, der andere eine Gabel. Wie viele Rubel der Alte wohl dafür bekommen wird? Für mich heißt das aber nichts anderes, als so schnell und so weit wie möglich zu laufen. Wieder renne ich um mein Leben. Darin habe ich ja mittlerweile richtig gute Übung.

Nach den Weingärten öffnet sich vor mir eine breite Schlucht mit vielen Bäumen und Gestrüpp. Ich stoße auf eine kleine Höhle, gerade so groß, dass ich meinen

Körper hineinzwängen kann. Von oben ist sie schlecht zugänglich und daher nicht einsehbar. Werden sie mich hier erwischen? Als ich einen Blick nach oben riskiere, sehe ich schon Zivilisten mit Gewehren, die durch die Weingärten streifen. Über mir höre ich Stimmen, als plötzlich ein russischer Offizier auf einem Pferd vor dem Eingang meiner Höhle auftaucht und mit gezogener Pistole ruft: »Hände hoch!« Ich krieche heraus. Mir ist zum Heulen, und gleichzeitig habe ich Todesangst. Er nimmt mir meine kleine selbstgemachte Tasche ab und durchsucht den Inhalt. Dann bringt man mich in das Dorf zur Kommandantur. Dort sperren die Russen mich in den tausendsten Keller meiner Gefangenschaft. Am nächsten Tag werde ich verhört. Ein Leutnant will von mir wissen, wer mich auf der Flucht unterstützt hat und vieles mehr. Ich gebe ihm, so gut es geht, Auskunft, schließlich kann ich niemanden verraten – geholfen hat mir ja keiner. Ganz im Gegenteil.

Am Morgen holt mich ein Zivilist mit Gewehr ab, er soll mich nach Belgrad bringen. Zu Fuß ist das zu weit. Vor allem, weil es im Juni ja schon sehr heiß ist. Er geht mit mir von Haus zu Haus und verhandelt mit den Dorfbewohnern, den Bauern. Aber soweit ich mitbekomme, will keiner ein Fahrzeug stellen. Endlich willigt doch einer ein. Ich soll mich hinsetzen, bis er fertig ist. Der Bauer kommt mit einem Weißbrot und einem Glas Rotwein in der Hand aus dem Haus und reicht es mir. Ich solle essen und trinken, denn wo ich jetzt hinkäme, gäbe es nichts mehr zu essen. Diese Leute haben ein Mitgefühl, wie ich es nie mehr erlebt habe.

Schon am Nachmittag kommen wir in Belgrad an. Meine Bewacher übergeben mich in einem Gebäude einem russischen Offizier. In dem Raum, in dem wir uns aufhalten, geht es turbulent zu. Ein Offizier fragt, ob ich »Nemsi«, ein Deutscher wäre, als ich dies bejahe, weist er mich an, auf einer Bank zu warten, bis ich dran sei. Ich muss mich, nachdem ich Stunden gewartet habe, der Reihe anderer Gefangener anschließen. Es geht wieder einmal zum Arbeitseinsatz. Nachts schieben sie mich in einen Raum, in dem es nach Urin und Kot stinkt. Als ich mich umsehe, erblicke ich entblößte, ausgezehrte Körper. Mich erfasst die pure Angst. Ein Stück Brot befindet sich noch in meiner Hose, ich will es mit allen Mitteln verteidigen. Doch die Gefangenen machen ohnehin keine Anstalten, sich über mich und meinen bescheidenen Vorrat herzumachen. Sie sind allesamt zu schwach, liegen auf Holzpritschen. Was mögen sie nur verbrochen haben? Hinten im Eck liegen zwei Russen in Uniform. Die Schulterklappen sind ihnen abgerissen worden. Degradiert. Der eine ist offenbar Hauptmann gewesen, der andere Marineleutnant. Es geht ihnen so schlecht wie uns deutschen Gefangenen. Verbrecher oder Gefangener – der Russe macht da keinen Unterschied. Bis heute weiß ich nicht, was die beiden Männer verbrochen hatten.

Ich suche mir einen Platz zum Hinlegen, doch lange kann ich mich nicht ausruhen. Man schleppt mich raus, und ich muss auf einen Lkw steigen. Als wir anfahren geht auf der Ladefläche ein Russe auf mich los. Er stößt mit seinen Stiefeln auf meine Brust, und mit den Fäusten traktiert er mein Gesicht. Um das

Gleichgewicht zu halten, muss er sich immer wieder an der Bordwand festhalten. Das Trommelfeuer seiner Fäuste will kein Ende nehmen. Ich blute schon kräftig aus der Nase und am Kopf und sehe nur noch Sterne blitzen. Diese Fahrt, denke ich, werde ich kaum überleben. Der Iwan schreit wie irre immer wieder zwei Wörter: »Sachsenhausen!«, »Auschwitz!«. Ich weiß nicht, was er damit meint, bis er sagt: »Viele Russen kaputt im KZ.« Ich soll also für die Verbrechen, die in unserem Land während des Krieges geschehen waren, büßen. Die Fahrt geht in Schlangenlinien weiter. Da mein wütender Bewacher und der Fahrer irgendwann so besoffen sind, dass sie sich kaum auf den Sitzbänken halten können, fürchte ich, bald im Straßengraben zu landen. Es grenzt an ein Wunder, aber ich überstehe die Strecke von über 50 Kilometern dennoch heil.

Je näher wir dem russischen Hauptlager Reni kommen, desto mehr wird der Wutanfall des Russen allmählich vom Wodka weggespült. Im Lager angekommen, lasse ich mich mit allerletzter Kraft von der Bordwand aus auf den Boden fallen. Im Liegen erinnert mich noch ein Tritt in den Hintern an meine Situation. Ich komme in einen Erdbunker und muss mich auf den blanken Erdboden legen. Was wird mich wohl am nächsten Tag erwarten? Erst als es morgens ein wenig heller wird, nehme ich wahr, dass die ganze Nacht über mehrere halbverhungerte Gefangene um mich herumgelegen waren: Deutsche, Rumänen, Ungarn und Österreicher, darunter ein Wiener. Diesem sage ich, dass ich in Izmail abgehauen sei. »Dafür haben sie dich aber sauber zugerichtet«, grinst er. Tatsächlich sind meine Augen zugeschwollen, und mein ganzes Gesicht ist blau und lila von den Schlägen. Doch es soll noch schlimmer kommen. In den nächsten Tagen werde ich plötzlich von unheimlichen Schmerzen geplagt. An den Zehen fängt es an, und der Schmerz zieht immer weiter zum Herzen hinauf. Jetzt, denke ich, ist es bestimmt aus mit mir. Ich bekomme so starken Schüttelfrost, dass mein ganzer Körper bebt. Nach einer halben Stunde ist das Fieber so hoch, dass mir der Schweiß nur so herunterläuft. Ein Malariaanfall, wird mir da klar. Zuvor im Bunker habe ich bei einem anderen einen solchen Anfall miterlebt. In Russland hilft einem ein Medizinstudium ganz gut weiter – an meinen Kameraden habe ich genügend Gelegenheit zum Studieren, lache ich bitter in mich hinein. Da ich nun ebenfalls von dieser unheimlichen Krankheit befallen bin, weiß ich: Der nächste Anfall kommt in ein paar Tagen. Das macht mir wahnsinnige Angst. Die meisten gehen an Malaria drauf, weil das Herz wegen der irrsinnigen Schmerzen bei den Anfällen versagt. Wie lange wird es bei mir durchhalten?

Wegen dieser Krankheit isoliert man mich vom Hauptlager, und der Posten holt mich nur hin und wieder für kleine Arbeiten heraus. Deshalb bin ich Weihnachten 1946 schon wieder ein bisschen besserer Dinge. Doch das soll sich bald wieder ändern. Eines Tages werden wir in Waggons verladen. Wo die Fahrt enden wird, weiß keiner. Tagelang sind wir unterwegs, haben wie immer kaum etwas zu essen, liegen auf den blanken Brettern, und im Waggon ist ein großes Loch für den Fall, dass wir unsere Notdurft verrichten müssen. Auf einem größeren Bahnhof werden wir ausgeladen. Die Stadt heißt Vinniza, der Name ist mir bekannt.

Wir sind also in der Ukraine. Seltsam, wie sich alles ständig wiederholt. Als Soldat bin ich hier an die Front gekommen, und als Gefangener finde ich mich nun auch wieder hier.

Nach einem kilometerlangen Marsch landen wir in einem großen Gefangenenlager mit vielen Baracken, umgeben von hohem Stacheldraht und Wachtürmen. An Flucht ist nicht zu denken, schon gar nicht mit meiner Malaria, die mir ab und zu weiterhin Anfälle beschert. Man kleidet uns mit Stepphose und Steppjacke ein. Jeden Tag müssen wir in aller Frühe antreten und werden in Arbeitsbrigaden eingeteilt. Bei jeder Witterung müssen wir hinaus. Es ist Winter, fast ohne Schnee, aber mit eisiger Kälte. Das Essen besteht aus Wassersuppe und Brot, das 500-Gramm-weise abgewogen wird. Es ist aber immer nass, wodurch es viel mehr wiegt, als es tatsächlich für den Magen hergibt. So quält jeden ein Hunger, bei dem es einem schwarz vor Augen wird. Viele, darunter auch ich, werden nachtblind. Am Tage bemerkt man davon nichts, erst wenn es dunkel wird, hat man einen Kreis vor den Augen. Das ist ein Zeichen von Vitaminmangel. Im Frühjahr, wenn man wieder einiges Grünzeug erwischt, ist das vorbei, wissen die erfahrenen Gefangenen.

Jeden Tag müssen wir auf eine andere Baustelle. Dabei gibt es immer etwas zu »organisieren«. Wer im Lager wegen Krankheit zurückbleiben muss, ist verloren, denn das Essen im Lager ist schlecht. Wenn wir auf einer Baustelle sind, auf der es Holz gibt, mache ich immer Holzbündel zurecht, die ich dann in Privatwohnungen zum Tausch gegen Essen anbiete. In der

Ukraine gibt es wenig Holz, und die Leute haben kaum etwas zum Heizen. Sogar Frauen, deren Männer hohe Offiziere sind, geben mir Brot für Holz. Das Risiko erwischt zu werden ist mir dabei egal. Ein Mensch, der Hunger hat, riskiert eine ganze Menge. Ich habe mir vorgenommen, dass mich der Russe nicht so schnell kleinkriegen wird, denn es hat sich gezeigt, dass immer derjenige krepiert, der sich gehen lässt. Der Wille zum Leben und der starke Wunsch, wieder in die Heimat zurückzukommen, gibt mir immer wieder Kraft.

Essgeschirr gibt es nicht, nur Büchsen, aus denen wir unsere Suppe schlürfen. Im Laufe der Zeit kann ich direkt beobachten, wie den Gefangenen die Zähne ausfallen und die Haare grau werden. Schon bei der Ausgabe von Verpflegung wird gemogelt. In einem Lager, in dem ich mich befinde, erwischen die Russen einen Deutschen, wie er etwas von der Verpflegung verschwinden lässt. Er hängt sich daraufhin an einer Pritsche auf. Er hätte so oder so sein Todesurteil bekommen – nämlich Zwangsarbeit in Sibirien.

Im Oktober 1947 werden wir wieder einmal auf einen Lkw verladen. Die Fahrt dauert ein paar Stunden und endet in einem großen Buchenwald. Unsere Unterkunft besteht aus Erdbunkern, in denen wir auf Laub schlafen. Gottlob ist es am Tage noch schön warm. Unsere Aufgabe ist, jeden Tag vier Kubikmeter Holz zu fällen, das ist die Norm, die jeder zu erfüllen hat. Das Werkzeug, das sie uns dafür geben, ist katastrophal. Es besteht aus einer Wiegesäge und einem stumpfen Beil. Wenn sie uns wenigstens eine Feile zum Schärfen unserer Werkzeuge geben würden, wäre unsere Arbeit nicht gar so beschwerlich. Morgens bekommen wir ein Stück Brot und eine Wassersuppe, das muss für den ganzen Tag reichen. Hin und wieder gibt es auch abends eine Suppe, die sie aus den Klauen toter Schafe brühen. Jeden Tag müssen wir Bäume schneiden, ausasten, auf ein paar Meter zuschneiden und aufstapeln. Ich habe zu dieser Zeit einen Kameraden aus der Steiermark, mit dem ich gut zusammenarbeiten kann. Eines Tages bekomme ich einen Schweißdrüsenabszess. Gott sei Dank geht er auf. Eine Woche lang habe ich Blut und Eiter am Hemd, und in der Nacht klebt der Stoff immer an der Wunde fest. Zum Glück bekomme ich keine Infektion, die wäre unweigerlich tödlich. Offenbar besitze ich mittlerweile unheimliche Abwehrkräfte.

Nach einer Woche kommen wir endlich zurück ins Hauptlager. Inzwischen ist es schon Ende Oktober. Zu allen Krankheiten auf der Welt, die ich schon durchhabe, kommt jetzt auch noch eine schwere Gelbsucht hinzu. Vielleicht habe ich sie mir im Waldlager von dem scheußlichen Essen geholt. Ich komme ins Lazarett in der Ortschaft Gajsin. Als ich eintrete, sehe ich lauter kranke Gefangene in üblem Zustand. Es ist zum Heulen. Im ersten Stock ist ein Zimmer, in dem sich links und rechts Pritschen mit Decken und Kopfpolster befinden. Ich lasse mich auf einer solchen Pritsche nieder – und schlafe, als würde ich nie mehr erwachen wollen. Am nächsten Tag fühle ich mich deutlich besser. Ein Arzt kommt mit zwei Schwestern zur Visite. Er ist ein freundlicher Mensch, ein Jude, und er spricht auch Deutsch. Mein Gesicht ist immer noch total gelb und von der Krankheit schwer gezeichnet.

Der Arzt murmelt etwas und schreibt etwas auf seine Tafel, die er dabei hat. Ich habe Glück. Er versteht offenbar etwas von seinem Handwerk. Er spritzt mir etwas; was, das habe ich nie erfahren.

Im Zimmer ist es kalt – inzwischen ist schon Winter 1947 –, und wir bekommen ein wenig Holz zum Heizen. Zum Essen gibt es Suppe und Brot. Einige werden in dieser Zeit operiert, aber sterben dann meistens. Zu meiner schweren Gelbsucht bekomme ich noch ein Geschwür am Fuß, das bis auf den Knochen geht. Ich habe lange Schwierigkeiten damit, zumal es von selbst ausheilen muss. Auch Jahre später habe ich an dieser Stelle am Fuß immer noch einen braunen Fleck, über dem eine ganz dünne Haut ist. Wieder habe ich Glück mit dem Bein – der jüdische Arzt hilft mir, wo es geht. Neben mir liegt ein Kollege, der auch Gelbsucht hat. Eines Tages kommt in der Frühe ein Offizier und fragt, ob einer von uns Metzger sei. Der neben mir meldet sich. Wir denken, dass er vielleicht ein Schwein schlachten müsse, und hoffen, dann gäbe es etwas zu essen. Als er nach einer Stunde blass und vollkommen fertig zurückkommt, meint er, dass ihm viel erspart geblieben wäre, wenn er sich nicht gemeldet hätte: Er sei in ein Zimmer geführt worden, in dem ein Toter auf dem Tisch lag. Sie drückten ihm eine Zange und ein Messer in die Hand und er musste im Beisein einiger Ärzte den Toten sezieren. Grauenhaft sei das gewesen, sagt er. Er musste den Toten vollkommen aufschneiden, alles wäre schon schwarz gewesen. Ein Stück Brot habe er dafür bekommen. Wir erfahren, dass vor ein paar Tagen ein Gefangener vom ersten Stock in den Tod gesprungen ist; das war der Tote auf dem Tisch. Uns wird nun klar, dass sie mit den kranken Gefangenen Versuche machen, Medikamente ausprobieren. Einmal muss ich in den Keller zum Duschen. Ich blicke zur Seite, neben mir steht ein wahres Skelett von einem Menschen, so etwas habe ich noch nie gesehen. Nur die Haut ist über den Knochen. Eine Russin übergießt ihn mit heißem Wasser, er bricht zusammen und ist tot. Er wird verscharrt wie all die anderen, von denen niemand weiß, wo sie geblieben sind. Nach einigen Wochen komme ich wieder zurück ins Hauptlager.

In der Gefangenschaft weiß man rasch kaum noch, welcher Tag heute oder morgen ist. Es gibt keinen Sonntag, nur Jahreszeiten, in denen man fast erfriert oder solche, in denen einem die Sonne das Hirn aus dem Schädel schmilzt – doch das ist allemal besser als der Winter. Drei Winter habe ich schon hinter mir, und ich frage mich, wie ich den vierten überleben soll. Man kann es ja fast nicht glauben: Sechs Jahre zuvor, 1941, sind wir als scheinbar unbesiegbare Armee hier, in der Nähe in Gajsin abgesetzt worden. Damals waren die Russen zwischen Uman und Gajsin eingekesselt. Man hat uns in ein großes Gefangenenlager mit Russen geführt, und wir mussten es bewachen. Mit zwanzig Jahren, ich kam gerade aus der Heimat, habe ich da schon gesehen, was ein Krieg für Folgen hat. Was ich in diesem Lager sah, werde ich nie vergessen. Unsere Leute waren alles andere als menschlich zu den Russen. Ich könnte da so manches erzählen. Jetzt, sieben Jahre später, bin ich selbst als Gefangener an diesem Ort. So ist es im Leben.

Wieder verlegt man uns in ein anderes Lager. Es heißt Tulcin. Dort ist ein großes Kaolinwerk, und wir verladen am Bahnhof Kaolin in Güterwagen. Das Kaolin ist eine zähe Masse und schwer, eine bestimmte Norm ist festgesetzt, die man erfüllen muss. Wir müssen mit einfachen Schubkarren arbeiten. Ein Brett führt zur Rampe, über die man zum Waggon wackelt. Ein Fehltritt, und schon wäre man auf die Gleise gefallen. Jeden Tag wird eine Gruppe woanders eingesetzt. An einem Tag muss ich auch wieder zum Bahnhof, dabei habe ich einen deutschen Offizier als Bewachung, der mir immer seinen Stiefel in den Hintern stößt, wenn ich nicht mehr kann. Er ist ein Oberschlesier, kann perfekt Russisch und bekommt deshalb Vergünstigungen. Hätte ich die Kraft dazu, würde ich ihn wohl erschlagen. Untergebracht sind wir in einem großen Gebäude, vielleicht eine russische Kaserne, und hier bringe ich den Winter 1948 mehr schlecht als recht hinter mich: Zum Essen gibt es einen ganzen Monat lang dieselbe Suppe, und auf der Pritsche haben wir nur eine Decke zum Schlafen. In Tulcin überreicht mir ein Offizier ein Bild von meinem Bruder, den dazugehörigen Brief haben sie behalten; es stand wohl etwas darin, das ihnen nicht passte. Jetzt weiß ich aber, dass mein Bruder noch lebt! Als ich später nach Hause zurückkehre, erfahre ich, dass man meiner Mutter die Nachricht überbracht hat, ich sei im Oktober 1944 gefallen. Tja, das Schicksal hat es anders mit mir gemeint.

Von Tulcin aus kommen wir in die Hauptstadt der Ukraine, nach Kiew. Unser Lager befindet sich in einem Gebäude mitten in der Stadt, ist aber nach außen durch einen Bretterzaun abgeschirmt. Ringsum sind Häuser, bewohnt von Zivilisten. Zu Anfang sind wir damit beschäftigt, Wohnräume in dem großen Gebäude zu schaffen. Später habe ich das Glück, mit ein paar Kameraden außerhalb des Lagers zu arbeiten, wo wir nicht unter der Aufsicht eines Postens stehen. Ich nehme sofort Verbindung zu den Zivilisten auf, damit wir etwas zu essen bekommen.

Eines Tages wird bekannt gegeben, dass einer, ein einziger von uns nach Hause dürfte. Große Unruhe bricht aus. Am nächsten Tag wird der Name des Mannes, wir wissen, er ist verheiratet, verlesen. Er muss sich vorne am Ausgang melden. Was wohl in diesem Mann jetzt vorgeht? Nach Hause, er darf tatsächlich nach Hause! Wir sterben bald vor Neid. Doch dann sehen wir, wie er plötzlich wieder umkehren muss. Ein Deutscher hat ihn irgendwie bei einem Posten angeschwärzt, und gerade dieser Verräter darf dann an dessen Stelle nach Hause fahren. Ich präge mir die Gesichter von beiden fest ein, und als ich dann selbst wieder daheim bin, will es der Zufall, dass ich den Zurückgebliebenen am Wallfahrtsort Birkenstein, oben am Berg, wiedertreffe. Wir fallen uns in die Arme.

Im Frühjahr 1949 werden wir in ein Lager außerhalb Kiew verlegt. Von dort aus bringen uns Lkws jeden Tag in eine große Ziegelfabrik. Manchmal müssen die Russen vierzehn Tage auf ihren Arbeitslohn warten, dann sind sie sauer und streiken. Wenn der Lohn dann ausbezahlt wird, gibt es Brot, Speck und Wodka. Das ist für sie das Höchste, sie kennen kein anderes Vergnügen. Der Russe ist zufrieden, wenn er etwas zu essen und viel Wodka hat.

Es kommt der Sommer und mit ihm das Gerücht, dass Kriegsgefangene nach Hause dürfen. Einmal kann ich sogar eine deutsche Zeitung lesen. Sie stammt aus der sogenannten Ostzone, dort, wo die Russen Besatzer sind. Auch Berichte aus Bayern kann man darin lesen, aber nur Schlechtes, nämlich, dass die Menschen dort zum Beispiel hungern würden. Von der Ostzone wird nur Gutes berichtet. Das ist natürlich Propaganda vom Feinsten. Zuletzt bekommen wir abends im Lager politischen Unterricht, den ein Polit-Offizier gestaltet. Es ist nun schon das fünfte Jahr voller Verzweiflung. Ob wir wohl je wieder nach Hause kommen werden? In der Heimat sind wir wohl schon alle vergessen. Nur unsere Angehörigen haben noch einen Gedanken für uns übrig. Als junge Männer sind wir ausgezogen, die Welt zu erobern. Zur Strafe sind wir zu Greisen geworden und krank heimgekehrt.

Vor unserer Heimfahrt müssen wir in Fragebögen versichern, dass wir nie wieder eine Waffe in die Hand nehmen werden. Jeder Einzelne von uns wird noch einmal registriert. Und dann ist es endlich soweit: Der Zug rollt Richtung Heimat. Ein paar Tage vergehen noch, bis wir endlich am Bahnhof Frankfurt an der Oder in der Ostzone ankommen. Dort werden wir für die Heimkehr nach Bayern eingeteilt. Man kleidet uns mit Steppjacken und Hosen von den Russen ein. Außerdem gibt man uns noch zwei Laibe Brot mit. Ich habe einen kleinen Holzkoffer, worin das Brot gerade Platz hat. Ich habe also ein Mordsglück – bin wohl ein reicher Mann. Denn die Russen sagen uns, dass die Leute in Bayern hungern müssten.

Das Wetter auf der Fahrt ist trüb und regnerisch. Bis wir nach Hof kommen, an der Grenze zu Bayern, geht aber ein Vorhang auf, ein blauer Himmel kommt uns entgegen, und die Sonne scheint. Man sieht wieder Blumen und schöne Häuser. Alles, was wir in diesen fünf Jahren aushalten mussten, ist in diesem Moment vergessen ...

Als der Zug in München-Hauptbahnhof einfährt, muss ich umsteigen. Manche Leute schauen mich an, weil ich Winterkleidung trage. Sie wissen natürlich nicht, dass ich als Heimkehrer von Russland komme. Der Krieg und seine Folgen sind bei diesem schönen Anblick der Heimat fast vergessen. Es wundert mich nicht, dass man hier keine Gedanken mehr an die Kriegsgefangenen verschwendet, während immer noch Tausende Gefangene ihr Leben lassen müssen. Dieser Umstand macht mich wütend und traurig zugleich.

Meine letzte Fahrt geht an meinen Heimatort Rosenheim. Und noch einen letzten Schicksalsschlag muss ich dort hinnehmen: Meine Mutter ist gestorben und meine Wohnung aufgelöst worden, ich bin praktisch mittellos. Für eine Woche kann ich bei Familienangehörigen unterkommen. Diese sagen mir, ich solle zur Caritas gehen, um mein Care-Paket abzuholen. Als ich dort ankomme, sehe ich einen großen Raum voller Lebensmittel. Der Mann an der Ausgabe ist total gestresst, und was gibt er mir? Eine Flasche Wermut und eine Schachtel Kekse. Die anderen Sachen, die mir zugestanden hätten, hat er sich selbst angeeignet. So, wie es in der Gefangenschaft war, geht es zu Hause weiter. Ich komme dann für sechs Wochen nach Hohenaschau zur Erholung aufs Schloss. Hier bringt man ausschließlich Russland-Heimkehrer unter. Es ist eine schöne Zeit. Als ich mich wieder ganz gut erholt habe, beginnt allmählich wieder der Alltag. Ich bekomme in meinem früheren Betrieb eine Arbeit, was mir dabei sehr hilft.

In den Tagen, Monaten, Jahren nach der Heimkehr denke ich immer wieder zurück an die Zeit, als ich in diesen unsäglichen Krieg ziehen musste. Wie nah ich in dem Straßengraben bei Belgrad dem Tode war, wie viel Glück ich brauchte, um lebend nach Hause zu kommen, und wie viele Kameraden nicht so viel Glück gehabt haben. Ihre Bilder verschwinden langsam aus meinem Kopf. Was dagegen lange bleibt ist die Angst, die mich noch jahrelang nachts aufschrecken lässt. Ich kann mich nicht dagegen wehren. Und doch darf ich mich glücklich schätzen. Ich habe nach Krieg und Gefangenschaft ein neues Leben geschenkt bekommen.

Warum ich?

Obergefreiter Josef Sedlmeier
Pang bei Rosenheim

Ich habe mir das Kriegsende eigentlich immer anders vorgestellt. Ich habe davon geträumt, mit Pauken und Trompeten, mit Fahnen und Standarten durch den Veteranenverein, die Freiwillige Feuerwehr und vor allem durch den Jungfernbund mit Küssen und »Hoch«-Rufen empfangen zu werden – aber es ist ganz anders gekommen. Wie ein Geächteter, ein räudiger Hund, ein Ausgestoßener bin ich heimgekommen – nach 1000 Tagen in russischer Gefangenschaft. Bis heute weiß ich nicht, wie ich die Jahre der Qualen und Entbehrungen überlebte, während Tausende meiner Kameraden das nicht geschafft haben. Warum ich?

Es ist der 9. Mai 1945: Der Krieg ist seit 24 Stunden zu Ende. Für mich und meine Kameraden auf dem Rückzug von der Ostfront leider nur auf dem Papier. Denn für uns beginnt erst jetzt eine Leidenszeit ohnegleichen. Fünf Jahre haben wir an allen Fronten gekämpft – in Frankreich, auf Kreta und die letzten Monate an der blutigsten aller Fronten, im Osten. Fünf Verwundungen habe ich überlebt und meine Lieben daheim seit über einem Jahr nicht mehr gesehen. Mir ist zum Heulen, denn ich weiß, dass an diesem verfluchten Waldrand, auf diesem staubigen Weg mein Leben keine Wendung zum Guten nehmen wird. Wir stehen. Eine Kolonne von Fahrzeugen mit Flüchtlingen, Kindern und deutschen Soldaten, so weit das Auge reicht. Mitten in die Tschechei hat uns das Schicksal verschlagen. An die Namen der Orte kann ich mich größtenteils nicht mehr erinnern. Seit Tagen ziehen wir nach Westen, immer auf der Flucht vor der Roten Armee. Gleichförmiges Marschieren mit dumpfen Köpfen. Schweigsam und eintönig und dennoch immer die Angst im Nacken. Wann wird uns der Russe einholen? Schaffen wir es bis zu den Amerikanern? Die Antwort kommt früher, als uns lieb ist. An einer Weggabelung ist plötzlich Schluss: Wir können nicht weiter, denn zwei russische T34-Panzer versperren uns den Weg. Ab und zu schießt einer über unsere Köpfe hinweg, um uns Angst einzujagen. Ein deutscher Major, wir kennen ihn nicht, geht die Wagenkolonne entlang und fordert uns auf, mit Panzerfäusten einen Angriff zu starten und die Panzer zu beseitigen – noch haben wir alle unsere Waffen, keiner hat uns bislang aufgefordert, sie abzugeben. Und dennoch hat jetzt keiner auch nur die geringste Lust, etwas zu unternehmen. Niemand folgt dem Befehl des Stabsoffiziers, der missmutig abzieht. Noch vor Wochen hätte man uns standrechtlich erschossen, wenn wir seinem Befehl nicht gehorcht hätten. Unser Untergang ist nicht nur an dieser Tatsache spürbar.

Immer wieder machen sich die russischen Panzerbesatzungen den Spaß, die schweren Kanonen ihres Kampfwagens in unsere Richtung zu drehen und gleichzeitig die Ketten des Panzers ein paar Meter mit schrecklichem Grollen auf uns zurollen zu lassen. Die Leute fluchen und schreien. Verzweiflung macht sich breit. Dann empfiehlt jemand aus dem Flüchtlingstreck dem Major, mal bei den jungen Leutnants zu fragen. »Die haben sich doch den halben Krieg lang auf der Waffenschule rumgedrückt«, schreit eine ältere Frau wutentbrannt. Bei einer anderen hat sich längst der Zorn in Bitterkeit verwandelt. Sie weint leise vor sich hin: »Das sind jetzt unsere Soldaten, auf die wir so stolz gewesen sind.« Ich werde rot vor Scham, aber ich bin nicht besser als die anderen und will nichts mehr riskieren. Zu oft habe ich während der vergangenen Jahre meinen Kopf hingehalten. Für was und für wen? Für einen Führer, der Millionen ins Verderben geschickt und sich dann selbst feige in seinem Bunker aus dem Leben und aus der Verantwortung gestohlen hat. Diesmal halte ich still, trete nicht nach vorne. Sollen doch andere den Heldentod sterben. Ich will das nicht. Nicht heute, nicht in allerletzter Sekunde.

Und tatsächlich: Nach einer endlos langen halben Stunde finden sich in unserem Treck ein paar junge Offiziere zusammen, die den Angriff mit Panzerfäusten wagen wollen. Sie gehen nach vorne, aber die russische Besatzung hat wohl Lunte gerochen. Einer der russischen T34-Panzer, die während der letzten Abwehrschlachten so viele meiner Kameraden das Leben gekostet haben, schießt nun mit Kanone und MG, was das Zeug hält. Es dauert auch nicht lange, und unsere Offiziere ziehen den Schwanz ein. Sie kommen angelaufen ohne Waffen und rufen schon von Weitem: »Haut ab. Die Panzer rollen euch allesamt tot!« Panik bricht aus. Im Frieden. Mitten im Frieden, denke ich. Rücksichtslos wird mit den verbliebenen Fahrzeugen vor- und rückwärts, hin- und hergefahren wie verrückt. Jeder will weg, nur weg von hier. Kühler zerbersten, Kotflügel fliegen durch die Luft. Man weiß nicht, wer den schlimmeren Schaden anrichtet: das russische Feuer oder die eigene Panik. Menschen schreien wie wild durcheinander. So etwas habe ich nur ganz selten während der schlimmsten Kämpfe gesehen.

Bei uns auf der Landstraße mitten in der Tschechei an einem Ort, den niemand von uns kennt und den wir nie mehr betreten werden, gibt es gerade die ersten Toten und Verletzten nach dem Krieg. Hört das denn nie auf, denke ich und schmeiß mich in den Graben. Die Panzergranaten schlagen zum Glück weit hinter mir beim Flüchtlingstreck ein. Dort herrscht das größte Chaos. Alles liegt tot auf der Straße oder rennt um sein Leben. Die Holzwagen fliegen auseinander, als hätten sie zentnerweise Sprengstoff geladen. Ich sehe, wie der Major in einer MG-Garbe zusammenbricht, blutüberströmt auf die Knie fällt und dann nach vorne überkippt. Sein Tod scheint mir noch sinnloser als der meiner vielen Kameraden während des Krieges. Weil die ganze Schießerei aus den Panzern noch nicht genug ist, kriegen wir aus der Ortschaft von den Tschechen auch noch Gewehrfeuer. Jetzt ist alles aus, denke ich und renne wie verrückt. Die anderen allesamt auch. Westen. Westen, das ist unsere Zielrichtung.

Nach mehrstündiger Flucht zu Fuß schmerzen die Beine, die Luft ist knapp und die Verzweiflung groß. Unsere Waffen haben wir längst in den Graben geworfen. Und dann landen wir bei einem russischen Posten.

Wir sind zu apathisch, zu ausgelaugt, um ihnen noch einmal zu entkommen zu versuchen. Jeder Einzelne wird genau untersucht und abgetastet. Später ist dafür der Begriff »filzen« aufgekommen. Einer der Iwans schaut in meine Rucksacktaschen und lacht, als er den Speck findet, der mir als Marschverpflegung übriggeblieben ist und den ich bis zu diesem Tag wie meinen Augapfel gehütet habe. Dann ist er mit mir fertig. Wie all die anderen darf ich nur Handtuch und Seife behalten. Die Russen treiben uns auf einer Wiese zusammen. Dort harren wir der Dinge, die da auf uns zukommen mögen.

Es dauert Tage, bis in unseren Treck wieder Bewegung kommt. Langsam werden wir zu Haufen von 1000 Mann aufgestellt, von einigen Posten begleitet. Es geht zu Fuß weiter. Die Gerüchte, die umgehen, sind beunruhigend. Man spricht von Lagern und dass wir erst in einem halben Jahr heimdürfen. So lange meinen wir es nicht aushalten zu können, also sind wir bei der nächsten Gelegenheit im Wald. Es ist nichts dabei, die Posten geben nicht acht. Sie haben nur Augen für schöne lederne Schaftstiefel. Mancher muss seine Stiefel ausziehen – auch wenn es sein muss mit Gewalt – und bekommt ein paar alte dafür, ob sie passen oder nicht. Aber auch mancher Russe läuft herum, als ob ihn ein Ochse getreten hätte, weil ihm die »Beuteschuhe« zu klein sind, aber schön. Nach einigen Tagen verrät uns der Führer eines zivilen Trecks, dem wir uns angeschlossen hatten, an die Russen. Er erstattet Meldung, dass wir zwei Soldaten sind und nicht zum Treck gehören. Ehe wir überhaupt zum Denken kommen, haben uns zwei Mann in die Mitte genommen, und wir müssen wohl oder übel mitgehen. Nach einigen Minuten sehen wir schon, wo wir hinkommen. Es ist ein großer freier Platz am Rande der Ortschaft Pyov, das erste Kriegsgefangenenlager, das ich zu sehen bekomme. Es soll nicht mein letztes sein. Für Wochen werde ich dort untergebracht sein und um mein nacktes Leben kämpfen müssen.

Irgendwann gehen Gerüchte um, dass wir in ein anderes Lager kommen sollen, weil die Belegschaft nun schon bald auf 30 000 Mann angestiegen ist. Eine Gruppe von 30 Mann wird abgestellt, um den wichtigsten »Komfort« für ein Gefangenenlager herzustellen: den Stacheldraht. Dann heißt es warten, warten und nochmals warten. Auf Suppe, auf Brot, auf irgendeine Redewendung im Gespräch mit Russen, die auf eine baldige Heimkehr schließen lässt.

Zu rauchen habe ich auch nichts mehr. Wir bekommen täglich 17 Gramm Zucker, und ich habe ihn schon öfter in Tabak umgetauscht; aber auf die Dauer geht das nicht. Ich muss mich also aufs Tauschen oder Vermitteln verlegen. Und so werden mit der Zeit ein Pullover, eine Drillichhose und einige Paar Socken verraucht. Rauchen ist überhaupt ein Kapitel für sich. Ich sehe, wie ein Landser mit einem Posten verhandelt. Er will den Ehering des Soldaten. Der Soldat will Zigaretten. Der Russe bietet drei, der Landser will mehr, aber der Posten bleibt bei seinem Angebot. Nach langem Hin und Her wirft der Landser den Ring für drei Zigaretten über den Zaun. Ich glaube, Frauen wären in dieser Hinsicht standhafter.

Eines Tages werden wir an einem Bahnhof verladen. Aus der Dunkelheit tauchen die Waggons auf. Schon auf den ersten Blick sehen wir es: russische Waggons, russische Breitspur. Groß wie Häuser mit einem Gewicht von sechzig Tonnen. Nun fährt der Schreck jedem von uns in die Glieder. Eine atemlose Stille herrscht, in der man fast körperlich die Angst vor dem Kommenden fühlt. Ich denke an die Beschreibung der Hölle von Dante, wo am Eingang stehen soll: »Nun lasst alle Hoffnung fahren.« Jeder hat nur das Bedürfnis zu schlafen und nichts mehr zu wissen. Wie die Heringe werden wir hingeschichtet, jeder auf die gleiche Seite. Umgedreht wird auf Kommando. Die Russen haben an alles gedacht, sogar an eine Klosettanlage. Man hat in den Boden ein Loch geschlagen und da hinein ein Ofenrohr gesteckt. Ich kann mir noch gar nicht vorstellen, dass es seinen Zweck voll und ganz erfüllen kann. Den Platz neben dem »Donnerrohr« will keiner haben, und er muss ausgelost werden. Um es gleich vorwegzunehmen: Ich habe den Platz bekommen und werde in den nächsten Tagen im wahrsten Sinne des Wortes von oben bis unten beschissen.

Auf dem ersten Transport nach Rumänien haben wir nur Graupen bekommen. Diesmal gibt es nur Erbsen. Viele bekommen davon Durchfall, und ich bin der Leidtragende, weil es den meisten im Falle des Falles so pressiert, dass sie das Ofenrohr verfehlen. Mein Rucksack und meine Kleidung sind voll mit halbverdauten Erbsen. Immer riecht es nach Erbsen. Man weiß oft nicht, gibt es was zu essen oder hat einer »Sitzung«. Die Kameraden von uns, die in der Küche sind, tragen uns immer einige Kübel mehr rein, und gerade die, welche das Essen am wenigsten vertragen, fressen am meisten, und ich – na ja, reden wir nicht mehr davon. Auf alle Fälle kann es so nicht mehr weitergehen. Ein Kamerad, Sepp Bauer, glaube ich, hieß er, und er kam aus Neuötting, leiht mir eine Zeltbahn. Ich habe Glück, weil noch einige starke Nägel im Holz vom Waggon zu finden sind. Früher hätte man ohne Zange keinen Nagel herausziehen können – aber Not macht erfinderisch. Er wird umgebogen und dann solange hin- und hergedreht, bis er raus ist. Die Nägel werden nun so eingeschlagen, dass ich direkt aus dem Fenster sehen kann, wenn die Zeltbahn aufgespannt ist. Habe ich bisher den schlechtesten Platz gehabt, jetzt habe ich den schönsten. Vor allem ist es nicht so hart, ich kann mich umdrehen, wann ich will, und ich habe immer was zu schauen und frische Luft.

Drei Wochen sind wir so gefahren, haben Tausende von Kilometern hinter uns und sind keinen Schritt gegangen. Jetzt sind wir im Kaukasus, in der Nähe von Armawir, angekommen. Dass wir so weit gefahren sind, um bald wieder heimzukommen, glaube ich nicht. Einer nach dem anderen steigt aus dem Waggon, geht ein paar Schritte und setzt sich dann wieder hin, weil die Beine zu zittern anfangen bei der ungewohnten Betätigung. Wir werden wieder in Fünferreihen aufgestellt, gezählt, erhalten eine Handvoll Trockenbrot als Marschverpflegung, dann treiben uns die Posten vorwärts. Was jetzt kommt, ist der Todesmarsch nach Newinka. Man muss sich vorstellen, drei Wochen nur gelegen und gesessen und jetzt auf einmal sollen wir 56 Kilometer ohne Pause marschieren, und das bei Regen und einer aufgeweichten Straße. Bald haben wir den ersten Toten zu beklagen – er ist vor Erschöpfung gestorben. Wir ahnen nicht, dass ihm noch so viele folgen werden. Den ganzen Krieg sind sie durchgekommen, nun sind sie erlöst. Vielleicht ist es gut; wer weiß, was noch alles vor uns liegt, ob wir überhaupt den ganzen Zirkus aushalten oder vielleicht kurz vor der Entlassung noch dran glauben müssen. In der Ferne sehen wir Licht, und wir rennen drauflos, wie wenn von dort die Erlösung kommen könnte. Die Posten sagen, es sei das Lager ...

Es folgt das traurigste Weihnachten, seit ich denken kann. Was werden meine Lieben zu Hause machen? Viel werden sie auch nicht haben. Aber sie haben einen Weihnachtsbaum mit Lametta und Kerzen. Sie haben einen Kuchen, den sie schon wochenlang von den Marken abgespart haben, und sie werden von mir sprechen. Was haben wir? Die gleiche dünne Suppe mit etwas Kraut und Mehl wie immer, das gleiche nasse Brot und die gleichen Bretterwände mit den mit Papier verklebten Fenstern und die Holzklappe ohne Strohsack, schon mehr eine Folterkammer oder Hungerburg. Etwas Weihnachtliches ist im Lager nicht zu finden. Kein Baum, nicht einmal ein Tannenzweig ist auf irgendeiner Stube. Die Leute sind bedrückt und hängen ihren Gedanken nach.

Ein festes Kommando gibt es noch nicht, und wir werden daher jeden Tag anderswo eingesetzt. Einmal müssen wir Telegrafenstangen setzen und es ist noch sehr kalt. Die ausgehobene Erde muss mit einem Stampfer rund um die Stange festgestampft werden. Das Instrument ist schwer, und die Arme tun weh. Wir helfen uns damit, dass wir Wasser in die Löcher gießen, das dann über Nacht gefriert, was die Stangen bombenfest stehen lässt. In der Frühe werden wir vom russischen Hauptmann, dem »Schinder«, an die Arbeit geführt, und abends gehen wir allein ins Lager. Gerade das ist das Allerschönste am ganzen Tag. Oft brauchen wir eine Stunde, bis wir in das Lager gebummelt sind. Mancher hat noch etwas zu verkaufen und läuft in das Mietshaus rüber, und wir warten, bis er wiederkommt ...

Fast ein Jahr sind wir nun schon in Gefangenschaft, und es ist Ostern. Wenn man zurückschaut, kann man es gar nicht glauben, so schnell ist die Zeit vergangen. Das Osterfest bringt für uns eine Überraschung: Wir bekommen Karten zum Schreiben. Endlich können wir mit unseren Lieben zu Hause in Verbindung treten. Endlich werden sie wissen, was mit uns los ist und wie es uns geht. Von nun an sollen wir einmal monatlich schreiben dürfen. Wenn auch keiner durch die Karte genau sagen kann, was ihn am meisten bewegt, weil sie durch die Zensur geht, so ist uns doch um vieles leichter, und fast alle machen von den Karten Gebrauch. Überall im Lager sind Schaukästen aufgestellt, die uns davon berichten, wie schön es in Russland ist, wie vorteilhaft dort zu leben und für die Sowjetunion zu arbeiten. Überall in der Weltproduktion steht die UdSSR an erster Stelle. Alle Erfindungen und Entdeckungen sind von Russen gemacht worden. Uns wundert nur noch, dass sie nicht schreiben, wir sollen froh sein, dass wir hier in Gefangenschaft sein dürfen. Wenn sie schon so tüchtig sind, warum haben wir noch keine Post erhalten? Seit einem Jahr warten wir auf einige Zeilen von der Heimat. Aber nichts. So weit reicht die Waggonproduktion der Russen noch nicht, dass sie einen für unsere Post übrig haben.

Gott sei Dank ist es nun soweit, das wir sonntags nicht mehr arbeiten brauchen. An diesem Tag ist Zeit für Baden, Entlausen, Haareschneiden, Rasieren und vielleicht auch Schreiben. Regelmäßig jeden Monat bekommen wir unsere Karten. Antwort habe ich noch keine erhalten, aber einige Kameraden haben schon das Glück gehabt. Die wenigen freien Stunden liegen wir auf dem Strohsack, dösen vor uns hin und träumen von daheim. Es wird erzählt, und die wenigen Bilder, die man noch hat, werden angeschaut. Manche haben nur noch halbe Bilder. Die russischen Posten haben einmal während unserer Abwesenheit das ganze Gepäck durchsucht und bei allen Bildern, auf denen ein Soldat war, den ganzen Kerl weggeschnitten. Den Kopf, sofern er keine Mütze aufhatte, ließen sie dran. Es sieht komisch aus, wenn einer ein Brautbild hat, wo sie im vollen Brautschmuck dasteht und er nur mit seinem Kopf vertreten ist. Einer klaut in diesen Tagen einem Kameraden Brot. Am Anfang wollen wir ihn verprügeln, aber weil er weint und schreit, fragt ihn einer, ob er Schuhplatteln kann, wo er doch ein Bayer ist. Als er bejaht, sagen wir, wenn er schuhplattelt, dann tun wir ihm nichts. Da steigt er auf den Tisch, der als Platte nur ein schmales Brett hat, und fängt an zu stampfen. Dabei klatscht er in die Hände und ruft mit einer unnatürlich hohen Stimme »jui, jui, jui«, dann pfeift er wieder ein paar Takte von einem Landler und wischt von Zeit zu Zeit die immer noch über sein Gesicht kullernden Tränen ab. Nie in der Gefangenschaft haben wir so gelacht wie an diesem Tag.

Am ersten Morgen meines Arbeitseinsatzes auf dem Kartoffelacker geht alles gut, doch schon am darauffolgenden habe ich mit unserem Brigadier, einem Deutschen aus Kassel, eine Auseinandersetzung. Von mir sind beim Ausstechen ein paar Kartoffeln übersehen worden. Der Brigadier fängt zu meckern an, und ich sage ihm, er soll kein Theater machen wegen der Kartoffeln, wenn nicht mehr verfault, dann sei es gut. Daraufhin schlägt er mir seine Gerte ins Gesicht, die er immer bei sich hat. Ich schwöre mir: Sollte ich einmal nach Kassel kommen und ihn treffen, werde ich es ihm heimzahlen.

Ein Tag reiht sich an den anderen, es wird kälter, die Ernte geht ihrem Ende zu, und langsam werden die Plenni, wie wir bei den Russen heißen, wieder abgezogen. Das zweite Weihnachten in unserem Plennidasein. Wenn man uns vor einem Jahr gesagt hätte, dass wir jetzt noch nicht zu Hause sind, wären wir wohl verrückt geworden. Wieder liegen wir auf unseren Strohsäcken und wissen nichts zu sagen. Wir denken an Kerzenlicht, an Lametta, an Bratäpfel, an all die Dinge, die wir hier so sehr entbehren. An keinem Feiertag des Jahres kommt einem die Lage so trostlos vor wie gerade zu Weihnachten. Die schönste Überraschung ist die angekommene Post. Ich habe gleich mehrere Karten bekommen und freue mich sehr darüber. Nach zwanzig Monaten das erste Lebenszeichen von zu Hause, endlich weiß ich, wie es dort aussieht. Sehr rosig scheint es auch nicht zu sein, aber besser als bei uns jedenfalls.

Weihnachten geht, und Neujahr kommt. In den Tagen dazwischen habe ich weiterhin in der Wäschekammer gefroren und bin zum Aufwärmen in die Schreinerei gegangen. Ich habe dem dicken Major ein

Handtuch und ein paar Socken geklaut und bin noch einmal an die Rübenmiete gegangen, um den Verpflegungssatz aus eigener Kraft zu heben. Auch die Zeit in diesem Lager geht zu Ende. Ein neuer Transport geht ab, und ich bin dabei. So gerne bin ich noch nie von einem Lager weggegangen wie von diesem. In jedem Lager sieht man immer ein bisschen Heimat, ein bisschen Zuhause, man wechselt nicht gerne, weil man nicht weiß, wie es woanders ist. Aber dort hält mich nichts. Dünner und weniger kann die Suppe nicht werden und nasser das Brot auch nicht. Jeder Mann bekommt noch frische Wäsche und einen Strohsack, dann geht es auf Lastwagen in das neue Lager. Nach stundenlanger Fahrt erreichen wir die Stadt Piatigorsk. Die ist ein russischer Kurort am Rande des Kaukasus. Die Vorberge reichen bis an den Stadtrand heran, und auf ihnen stehen Hotels und Kurheime. Die Iwans sind sehr stolz darauf, obwohl es eigentlich sehr wenig Proletarisches an sich hat. Das Lager steht drei Kilometer außerhalb der Stadt und ist zurzeit nur von einer kleinen Gruppe belegt, die tagsüber zur Arbeit geht. Vorerst gibt es für uns nichts zu tun. Wir verbringen die Zeit im Lager mit Stacheldrahterneuern, Latrinebauen und Barackenanstreichen. Während des Krieges ist hier eine Panzerwerkstätte gewesen, und an den Wänden stehen Schlagworte von unserem seligen Adolf, die mit sehr gemischten Gefühlen gelesen werden. So ist das nun, einmal waren wir hier die Herren, und nun sind wir noch weniger als Knechte.

Es ist mittlerweile überall der Brauch, dass Normtafeln aufgestellt sind mit den namentlichen Verzeichnissen der besten und schlechtesten Arbeiter vom

Lager. Meine Arbeit liegt wegen ein paar Tricks bald bei 140 Prozent. Ich bin nun wieder im Kühlhaus, und die schöne Zeit ist zu Ende. Der Neubau ist inzwischen fast fertig geworden, und jetzt werden große eiserne Behälter an Doppel-T-Trägern, die schräg an der Wand stehen, in den ersten Stock befördert. So ein Bottich hat einige Tausend Kilo, und die Winde, mit deren Hilfe sie hochgezogen werden, zittert wie Espenlaub. Wir sind darauf gefasst, dass die Seile jeden Moment reißen. Alle stehen wir hinter der Winde, keiner vorne, und drehen die Kurbel. Zentimeterweise kommt der Behälter nach oben. Drei Stück sind es, und wir brauchen zwei Tage dazu. Beim letzten sind an der Seitenwand zwei Löcher von einem halben Meter Durchmesser, und in jedem ist ein dreiflügeliger Propeller eingebaut, aber bei einem ist ein Flügel abgebrochen. Ich bekomme von dem Russen, der die Sache beaufsichtigt, in der Frühe den Auftrag, den Flügel zu suchen. Hinter dem alten Bau ist ein großer Haufen von altem Eisen, fast fünfzig Meter lang und einige Meter hoch. Dort sollen wir suchen, und wenn wir ihn finden, kriegen wir 150 Prozent. Mit noch einem Kameraden gehe ich zu dem Haufen. Es ist aussichtslos, das ganze Zeug umzukrempeln. Alles ist schon ineinander verbissen und verbogen. Zu zweit sind wir viel zu schwach dazu. Wir setzen uns erst mal hin und rauchen eine Pfeife. Ich schaue mir den Haufen von vorne bis hinten an und, mich laust der Affe, ich sehe den Flügel liegen. In der Ruhe liegt die Kraft, denke ich mir und freue mich. Ganz oben liegt der Flügel, ich brauche ihn nur wegzunehmen. Er wird erst mal versteckt, und so brauchen wir den ganzen Tag nichts mehr tun. Der Russe kommt einige Male und fragt, ob wir das Teil schon haben, aber immer verneinen wir. Erst kurz vor Feierabend rücken wir damit heraus. Irgendwie sind wir sehr euphorisch, und so beichten wir dem lustigen Russen, dass wir den Flügel schon in der Frühe gefunden haben. Der Iwan lacht nur dazu, und die Prozente kriegen wir trotzdem. Das Verhältnis Plenni/Russe hat sich überhaupt sehr gebessert.

Des Öfteren kommt ein russischer Polit-Offizier und hält uns Vorträge über das politische Leben und die Ziele der Kommunistischen Partei in der Sowjetunion. Es ist immer der alte Dreh. Die Russen haben keine Arbeitslosen, sind am besten bezahlt, haben die fortschrittlichsten sozialen Einrichtungen, haben alle Erfindungen immer 14 Tage vor den anderen gemacht, sie sind in jeder Hinsicht besser dran als die Arbeiter und Bauern in den kapitalistischen Ländern. Einmal ist es uns zu dumm geworden und wir haben gefragt, wie es kommt, dass im kapitalistischen Amerika jeder Fünfte ein Auto hat und im sozialistischen Russland nicht mal jeder Fünfhundertste ein Fahrrad? »Ja«, sagt er, »momentan, aber kommen sie in zwanzig oder dreißig Jahren wieder, dann sind wir allen voraus!« Wir danken im Stillen für die Einladung, was wir bis jetzt zu sehen bekamen, reicht uns, und in den nächsten 20 Jahren wird sich nicht viel ändern.

Zwei Jahre sind wir in Gefangenschaft und immer ist noch kein Ende abzusehen. Der »Eiserne August«, unser alter Kommandant, ist weggekommen und wir haben einen neuen bekommen. Neu für viele, doch für mich ein alter Bekannter. Es ist Wolfgang Hauber. Ich traue meinen Augen nicht, als ich ihn herantrotten sehe. Aber er ist es, und er hat mich auch sofort erkannt. Bin neugierig, wie er sich aufführt. Bis jetzt ist er sehr leutselig und kameradschaftlich. Wenn es so weitergeht, können wir zufrieden sein. Hauber – dieser Menschenschinder. Im letzten Kriegsjahr war er uns als Kompaniechef zugeteilt worden. Unser alter Chef, Major Streiter, so glaube ich, hieß er, hatte sich irgendwo am Don in einem gottverlassenen kleinen russischen Ort beim Rückzug einen Steckschuss in den Hintern eingefangen. Er kam nach dem Lazarett zu einem Ersatzbataillon bei Ingolstadt. Was dann kam, war jener Hauber, dessen Gesicht ich sofort wiederkannte und der mich in meiner Gefangenschaft bis zum Ende begleiten sollte. Freunde wurden wir nie, dafür hat er sich als Kompaniechef zu sehr unseren Unmut, ich möchte fast sagen Hass zugezogen. Immer wieder hat er uns auf den Russen gejagt, auch wenn die Kompanien neben uns längst den Rückwärtsgang eingelegt hatten. Ich glaube, Hauber hatte zu dieser Zeit noch »Halsschmerzen«. Halsschmerzen nannten wir den Zustand, wenn sich ein Offizier um jeden Preis sein Ritterkreuz verdienen wollte. Das hing nach der Verleihung um den Hals. Hauber jedenfalls machte vom ersten Tag an den Eindruck. Wir hatten in den letzten Jahren immer wieder Gruppen-, Zug- oder Kompanieführer gehabt, die richtige Haudegen waren und sich manchmal zu waghalsigen Himmelfahrtskommandos hinreißen ließen oder in solche von Vorgesetzten gezwungen wurden. Wir kleinen Soldaten mussten den Mist dann immer ausbaden und unseren Kopf hinhalten. Aber die meisten Offiziere, die so wagemutig führten, taten dies von vorne, an der Spitze ihrer Einheit. Man konnte ihnen folgen, und sie machten einem Mut. Bei Hauber war das anders. Er führte weit hinten und dafür brauchte er offenbar eine große Klappe. Soviel dazu.

Am Tag der Oktoberrevolution – der größte Feiertag der Russen – wird nicht gearbeitet. Die allermeisten sind besoffen, und wir hören ihr Grölen und Singen bis in unser Lager. Aber auch wir feiern diese Tage. Die Küche hat schon vorgesorgt und wir bekommen ein Essen, zu dem man »Sie« sagen muss. Sage und schreibe acht Gänge, wenn man den Gang zur und von der Küche mitrechnet. Ohne diese bleiben aber immer noch sechs. Einmal sind wir also doch satt geworden. Manche vertragen so viel gar nicht und müssen kotzen.

Das dritte Weihnachtsfest in der Gefangenschaft. Nichts deutet darauf hin, dass heute die schönsten und besinnlichsten Tage für uns Deutsche sind, die uns ein Jahr beschert. Wir haben heute, am Heiligen Abend, gearbeitet, wir werden morgen und übermorgen arbeiten. Wir werden den gleichen Hunger haben und doch mit unseren Herzen und Gedanken zu Hause sein, mehr denn je. Das Essen ist das gleiche wie sonst. Ich lese ein Buch und muss beinahe weinen. Warum dürfen wir nicht nach Hause, warum müssen wir hungern, Jahre um Jahre – wenn wir satt wären, könnten wir doch alle mehr arbeiten? Ich packe ein, lege mich auf die Seite und versuche meine Sorgen zu verschlafen.

Die Gegend, in der unser Lager sich befindet, ist leicht hügelig, etwa so wie am Samerberg, doch ohne jeglichen Baumbestand. Wunderschöne Blumen wachsen hier, etwa Tulpen, Schlüsselblumen und Veilchen in allen Farben. Nicht ein einziges »Hundsveigerl« finde ich, alle sind sie echt. Woran liegt das? Manchmal schmücke ich mit den Blumen den kleinen Lagerfriedhof, der hier angelegt ist. Ungefähr 60 Kameraden sind hier beerdigt. Arme Teufel. Manchmal liege ich stundenlang außerhalb des Lagers an einer sonnigen Stelle und träume vor mich hin. Schon viele Transporte sind in die Heimat gegangen, und ich möchte so gerne dabei sein. An meinem Namenstag, am 19. März, ist Untersuchung gewesen, und ich habe mir gedacht, mein Schutzpatron würde mir beistehen, damit ich diesmal dabei bin. Aber er hat wohl in diesem Augenblick auf die Seite geschaut. Der Transport geht noch in diesem Monat ab, Richtung Heimat und ohne mich.

Jetzt werde ich eisern. In vier Wochen ist wieder Gesundheitskontrolle, und bis dahin will ich soweit sein. Ich melde mich zur Wäscherei und wasche mit einigen Kameraden den ganzen Tag die Hemden und Unterhosen der Lagerbesatzung. Das Brot, welches ich in der Frühe empfange, vertausche ich für Tabak, ebenso den »Nachschlag«, der manchmal für uns Wäscher abfällt. Bei Nacht steht ich drei-, viermal auf, um zu rauchen, obwohl es strengstens verboten ist. Ich merke, wie meine Kräfte weniger werden, und habe doch eine gewisse Genugtuung dabei. Diesmal bin ich dem »Reserve Stalin«, wie wir den Arzt aufgrund seiner Ähnlichkeit mit diesem nennen, bestimmt nicht mehr zu kräftig. Wieder stehe ich vor ihm, mit entblößtem Oberkörper und die Hose in der Hand: »Umdrehen, Hose runter«, ich gehorche. Jetzt fällt die

Entscheidung, ich bin ganz aufgeregt und horche auf jedes Wort, das gesprochen wird. Lange zögern sie die Entscheidung hinaus, einige Male haben sie mich schon um die eigene Achse gedreht, von vorne und hinten betrachtet und abwechselnd in den rechten und linken Arschbacken gezwickt. Endlich fällt das erlösende Wort. »Slave« (schwach), sagt der Russe und trägt mich in eine Liste ein, dann kann ich gehen. Schon am nächsten Tag werden die Kameraden, die für den Transport bestimmt sind, namentlich und dem Alphabet nach verlesen. Ich horche und endlich kommt der Buchstabe »S«. Er kommt und geht vorbei, und wie der nächste kommt, der Buchstabe »T«, da weiß ich, dass wieder einmal alles für die Katz gewesen ist. Die ganze Arbeit und der ganze Hunger, den ich freiwillig die ganzen Wochen hier erduldet habe. Diesmal bin ich zu schwach gewesen. Sie hätten sich mit mir schämen müssen.

Drei Wochen später werde ich mit noch fünf Kameraden in ein anderes Lager geschickt. Vom deutschen Kommandanten werden wir in Empfang genommen und im Lager eingewiesen. Jeder Mann bekommt seine Klappe, seinen Strohsack und seine Wanzen, die er zu füttern hat. Immer mehr verdichten sich die Gerüchte um eine baldige Heimkehr. Schon lange haben wir uns innerlich darauf vorbereitet, und stundenlange Gespräche drehen sich nur um diesen einen Punkt. Es werden sogar schon Kleider- und Wohnungssorgen besprochen, obwohl alles noch in unbestimmter Ferne liegt. Wir werden langsam eitel, in der Frühe kämmen wir unsere kurzen Haare mit einer Hingebung, als ob wir auf einen Ball gehen würden. Kamm und Spiegel sind

Eigenfabrikat. Der Kamm aus einem Stück Aluminiumblech, der Spiegel aus einem Stück Glas und Teer. Er ist also nicht weiß, sondern schwarz. Zum Frisieren erfüllt er aber seinen Zweck, und darauf kommt es an.

Von meiner Hütte aus sehe ich die ganze Alpenkette des Elbrusgebirges. Oft sehe ich zu, wenn morgens die Sonne aufgeht und die Bergspitzen dunkelviolett färbt, die dann langsam heller werden. Ihre Farbe geht in Rot und Rosa über, wird zu Gelb und endlich strahlendes Weiß. Die Tage verbringe ich mit Rauchen und Spazierengehen. Der Müller mit seiner Frau kommt auch einmal zu der kleinen Brücke, die ich bewachen muss. Er weiß, dass ich hier zur Bewachung bin, und fragt mich, ob ich ihn und seine Frau an das andere Ufer bringen kann. Ich sehe schwarz für mich, seine Frau wiegt meiner Schätzung nach gut eineinhalb Zentner, und ich mit meinem kraftlosen Gestell soll sie tragen. Den Mann habe ich bald drüben, dann kommt »Sie« dran. Sie hat ein Kostüm an, das mal irgendwo in Deutschland gemacht wurde, und der Rock ist so eng, dass sie die Beine nicht auseinanderbringt, und ich kann sie so nicht auf dem Rücken tragen. Ich sage ihr, sie soll den Rock hochziehen. Hilflos schaut sie zu ihrem Mann hinüber. Er fuchtelt mit den Armen in der Luft umher und schreit einen ganzen Roman über das Wasser. Endlich hat sie begriffen, sie schürzt den Rock hoch und ich nehme sie huckepack. Mein Gott, ist sie schwer. Ich schwanke wie ein Schilfrohr, der Schweiß bricht mir aus, und ein Schwindelgefühl erfasst mich. Jeden Augenblick meine ich, mit meiner Last ins Wasser zu fallen. Mit letzter Kraft kralle ich meine Finger in ihre Schenkel und tappe Schritt für Schritt vorwärts.

Sie schreit vor Angst und vielleicht auch, weil ich sie ein wenig gezwickt habe. Dann sind wir am anderen Ufer. Der Mann gibt mir einige Rubel, und ich lege mich an Ort und Stelle hin, um mich zu erholen. Obst und Maisstroh sind zu Ende, aber auch jetzt brauche ich etwas zu rauchen.

Die Ereignisse überstürzen sich nun. Alle Augenblicke sollen wir was anderes tun. Essen fassen, Bekleidung tauschen, Antreten, Wegtreten, in die Baracke gehen und warten, dann Marschverpflegung fassen, die dann sowieso gleich gegessen wird. Einige Male werden wir namentlich verlesen, ob alle da sind. Wir sind 57 Mann, einer aufgeregter als der andere. Endlich ist Abmarsch. Wir gehen durch das Dorf, kommen zum Bach, und ich denke an die dicke Russin, die ich rübergetragen habe. Dann geht es an meiner Hundehütte vorbei, in der jetzt ein anderer Kamerad ist. Die letzten Abschiedsworte fliegen hin und her, dann geht es auf die Stadt Naltschik zu. Beim Einwohneramt werden wir abgemeldet, was stundenlang dauert. Trotzdem geht keiner von uns weg, jeder hat Angst zurückzubleiben.

So vergehen einige Tage. Doch dann ist einmal eine Stunde früher Wecken, das ganze Lager muss antreten, dann werden lange Listen verlesen und jeder, der aufgerufen wird, muss auf die Seite treten. Die übrigen gehen anschließend zur Arbeit, wir anderen werden eingekleidet. Jeder Mann bekommt einen neuen Anzug und Schuhe. Nicht etwa nach üblichem, europäischem Maßstab, sondern eine Art Schlosseranzug, der nicht mal Taschen hat und nicht mehr als fünf Mark wert ist, und Holzschuhe. Trotzdem sind wir überglücklich, denn der Anzug ist die halbe Fahrkarte. Wir Heimfahrer, wie wir uns nun schon nennen, »dürfen« zum Wählen gehen. Es ist nur gefragt, für welche Partei wir uns bei unserer Heimkehr entschließen werden. Die SED geht mit 98 Prozent als Sieger hervor. Es ist leicht erklärlich, warum. Wir alle haben Angst, der Transport würde gestrichen, wenn das Ergebnis anders wäre. Wer garantiert mir dafür, dass mein Zettel nicht gekennzeichnet ist und kontrolliert wird?

Am 9. November 1948 ist es soweit. Genau dreieinhalb Jahre nach unserer Gefangenschaft geht der Transport ab nach Richtung Heimat. Die Tage bis wir im Zug sitzen, bringen noch viel Aufregung und Enttäuschung für Einzelne von uns mit. Kurz bevor ich durch das Tor trete, sehe ich noch Hauptmann Wolfgang Hauber. Er kommt auf mich zu und sagt: »Na, und du hast es ja nun geschafft.« Ich kann mich nicht zurückhalten und antworte: »Ja, und du musst es dir erst verdienen.«

In der Banja, die außerhalb des Lagers ist, werden alle Heimkehrer noch einmal nach allen Regeln gefilzt. Vor allem auf Adressen von Zurückgebliebenen hat man es abgesehen. Auch auf Mitglieder der Waffen-SS. Bei uns heißt man das »Vogelschau«. Bei der SS wurde die Blutgruppe bekanntlich unter dem Arm eintätowiert. Wenn also solche Leute ausgesucht werden, müssen wir die Arme hochhalten, damit man schon kann, ob wir damit belastet sind oder nicht. Auch das geht vorüber, und wieder nach Stunden, es ist bereits Nachmittag, empfangen wir unser Abschiedsessen. Bei den Waggons müssen noch mal alle Mann antreten, und einer von der Antifa erzählt uns, dass nun die

Leidenszeit ein Ende hat. Der erste Ruck, den der Zug macht, reißt uns alle aus dem Schlaf, und dann merken wir, dass wir fahren. Wir springen auf, schlagen uns gegenseitig auf die Schultern, lachen und freuen uns wie die Kinder. Endlich geht es nach Hause.

Am 20. November sind wir in Frankfurt an der Oder. Deutscher Boden, deutsche Heimat und deutsche Leute nach dreieinhalb Jahren. Ich kann nicht sagen, wie mir zumute ist. So sehr es mich freut, so sehr bin ich enttäuscht, wenn ich mir die Leute anschaue, die neben dem einlaufenden Zug hergehen und nach Brennzeug fragen und von den Posten wieder vertrieben werden. Wie armselig kommen manche daher, und wie verhärmt sehen sie aus. In Leipzig müssen wir umsteigen und fahren weiter bis Plauen. Stundenlang stehen wir am Bahnhof und warten, bis man uns abholt und zum Nachtquartier führt. An Schlafen ist nicht zu denken. Bei Morgengrauen sind wir in Augsburg und eine Stunde später in München. So habe ich allerdings den Bahnhof nicht in Erinnerung, wie ich ihn zu sehen bekomme. Nur mehr die stählernen Träger stehen, und die Mauern sind noch schwarz vom Rauch und Feuer.

Die Zeit bis zur Abfahrt des Zuges vertreibe ich mir mit Ansehen von Zeitungen und Illustrierten. Was haben die Menschen hier schon wieder für Sorgen. Man wählt eine Schönheitskönigin für alle nur erdenklichen Anlässe. Es gibt eine »Miss Bein«, eine »Sex Bombe« und die »Schönste Frau der Welt« prangt beifallheischend von allen Bildern. Schenkel-, Hüft- und Brustumfang sind genauestens angegeben. Wer soll an ihrer Schönheit zweifeln. Von uns Plenni oder

Heimkehrern ist nicht viel zu lesen. Die Liebesabenteuer und Skandalgeschichten amerikanischer Filmschauspieler sind doch viel interessanter. Wir hätten höchstens eine »Miss Kohldampf« oder den »dürrsten Plenni« wählen können, nur ein Bild fällt mir auf, weil ich das gleiche schon mal in einer Lagerzeitung gesehen habe. Es zeigt Männer, die mit Schaufeln Getreidekörner um-, ein- oder ausladen. Darunter steht »Getreide aus der Ostzone für Russland«. Das Bild, das ich in der Lagerzeitung sah, war beschriftet gewesen mit: »Getreide aus Russland für die hungernde Ostzonenbevölkerung.« Wer hat da wohl recht?

Oft und oft habe ich mir vorgestellt, mit welcher Freude und mit welchem Genuss ich die wenigen Kilometer von Rosenheim nach Pang zurücklegen werde, und wieder ist es anders geworden. Ich schäme mich meines Anzuges, meines ausgefransten Rucksackes, meiner Holzschuhe und nicht zuletzt meines vom Wasser aufgedunsenen Gesichtes. Fast im Laufschritt geht es bei der Firma Kathrein und Beilhack vorbei. An der Mangfallbrücke werfe ich die Russenmütze, welche ich noch immer habe, ins Wasser. Soll sie hingehen, wo sie hergekommen ist. Wenn es irgend geht, meide ich die Straße und laufe über Wiesen und Felder. Ein Mädel mit Fahrrad begegnet mir, und sie wird nicht fertig, mir nachzustarren. Drei Jahre später wird sie meine Frau. Dann stehe ich vor dem Haus, in dem meine Eltern wohnen. Sie haben keine Ahnung, dass ich da bin. Ich bin neugierig, welches Gesicht sie machen werden. Die Wohnung ist offen und leer. Mutter trägt Zeitung aus, Vater holt Milch. Welche Überraschung, als sie zurückkommen. Meine Schwester kommt mit rotem Kopf vom Geschäft angebraust, so eilt es ihr, mich zu sehen. Die Familie ist wieder vollzählig, bis auf meine drei Brüder, die allesamt im Feld gefallen sind.

Heute, wenn ich an die Jahre der Kriegsgefangenschaft zurückdenke, dann erscheint mir vieles unwirklich, und doch weiß ich, dass ich das alles erlebt habe. Ich möchte allen, die nach mir kommen, vor allem aber meinen Kindern und Kindeskindern wünschen, dass ihnen all das Leid, der Hunger und die Demütigungen erspart bleiben, die ich und mit mir Millionen Kameraden schuldlos erdulden mussten.

Niemand ist mehr des anderen Feind

Unteroffizier Heinz Raithel
Oberaudorf

Spätsommer 1944. Unsere Kompanie, die fast ausschließlich aus Schülern des Jahrgangs 1926 besteht, viele von uns haben noch nicht einmal ihren 18. Geburtstag gefeiert, wird drei Wochen nach der Einberufung nach Gap in Südfrankreich zur weiteren Ausbildung verlegt. Eine richtige militärische Ausbildung findet aber nicht mehr statt, denn wir werden sofort zur Bekämpfung von Partisanen eingesetzt, die in den Alpen starke Kräfte haben. Nachdem die Amerikaner auch im Süden, an der französischen Riviera, gelandet sind, müssen wir weiterhin in Frankreich bleiben, obwohl unsere Stammdivision in Russland kämpft und wir eigentlich damit gerechnet hatten, dorthin verlegt zu werden. Wie sich später herausstellen sollte, war die Landung der Amerikaner für uns ein purer Glücksfall.

Es ist Sonntag. Doch für uns gibt es keine Erholung, keine Minute frei vom Krieg. Seit Tagen hören wir, dass sich Amerikaner nähern sollen. Man kann die Anspannung, die in unseren provisorischen kleinen Stellungen herrscht, beinahe mit der Hand greifen. Die meisten Offiziere und kleinere Einheiten unserer Garnison haben sich bereits am Vormittag mit ihren Fahrzeugen in Richtung Norden nach Grenoble abgesetzt und dabei, das haben wir von zurückkehrenden Verwundeten gehört, schwere Verluste erlitten. Die Franzosen kämpfen jetzt auch ganz offen gegen uns. Sie riechen den Sieg.

Mit uns Rekruten weiß man in diesen Stunden offenbar nichts anzufangen. Wir werden auf verschiedene Punkte der Stadt verteilt, um Straßensperren zu errichten. Die Gruppe, der ich angehöre, besteht noch aus sieben Mann. Wir haben keinen Befehl und keine Ahnung, was wir im Fall einer Feindberührung anstellen sollen. Die französischen Zivilisten, die an unseren primitiven Barrikaden vorbeikommen, informieren uns ständig mit deutlicher Häme, wie weit die Amerikaner noch entfernt sind, und wir sind uns sicher, diesen Tag nicht zu überleben. Das Warten wird zur Tortur. Der Schweiß tropft uns von der Stirn, und wir sind vom Nichtstun wie benommen. In den Stunden dieses heißen Nachmittags komme ich mir vor wie ein Delinquent vor der Hinrichtung. In meiner Angst habe ich schon in Gedanken von meiner Mutter Abschied genommen.

Und dann ist es endlich soweit – es kommt fast wie eine Erlösung: Amerikanische Fahrzeuge nähern sich unseren Stellungen in der Stadt, biegen vor uns aber ab. Im Schlepptau haben sie hunderte von Partisanen. Jetzt geht alles ganz schnell. Von allen Seiten, selbst aus den Fenstern der umliegenden Häuser, richten plötzlich französische Widerstandskämpfer ihre Waffen auf uns. Wir legen unsere Karabiner nieder. Widerstand hätte keinen Zweck mehr, denn die Übermacht ist erdrückend. Als wir unbewaffnet vor den Widerstandskämpfern stehen, steigt eine kalte Angst in uns hoch, denn wir wissen, was die Partisanen normalerweise mit deutschen Gefangenen anstellen. Und so hoffen wir, dass der Amerikaner, der uns ja schon so nahe war, wieder zu uns zurückkommt. Vor den Amerikanern hätten wir keine Angst, uns zu ergeben. Für die Franzosen aber ist das heute der Tag ihrer Befreiung. Heute können sie alles mit uns machen, was sie wollen, denken wir und senken den Kopf zu Boden. Alles können sie tun, ohne jemals dafür verantwortlich gemacht zu werden. Und so harren wir der Dinge, die da auf uns zurollen, und beten zu Gott, dass uns der Ami rechtzeitig gefangen nimmt. Und dann kommt alles ganz anders, als wir befürchtet hatten. Wir haben Glück. Aus irgendeinem Grund schießen die Partisanen nicht auf uns. Die meisten von ihnen ziehen einfach ab, offenbar, um noch nach weiteren Deutschen Ausschau zu halten. Niemand von den gehassten Besatzern soll ihnen heute entkommen. Die Jagd auf noch flüchtige deutsche Soldaten ist eröffnet.

Wir müssen indes vor einem Garagentor in einer Reihe Aufstellung nehmen und die Hände über den Kopf legen. Ein paar der Bewacher machen sich einen besonderen Spaß daraus, auf uns zu zielen und zum Schein abzudrücken, doch ihre Gewehre sind zum Glück gesichert. Eine französische Mutter Courage, die das Exekutionsspiel beobachtet, schnauzt die Schützen an, diese Gemeinheiten zu unterlassen. Und plötzlich erscheint ein seriöser älterer Herr in einem Anzug. Er erklärt uns auf Deutsch, dass er uns zu den Amerikanern bringen werde, die bereits am

Marktplatz der Stadt versammelt seien. Schon von Weitem kann man die Stimmen der Amis vernehmen, mit ihrem »Come on« und »Let's go«. Sie lassen uns die Hände ganz hochnehmen, aber nicht, um nach Waffen zu suchen, sondern nach Uhren. Die amerikanischen Soldaten, die auf ihren Panzern und Jeeps sitzen, sind fast alle betrunken von dem Wein, den ihnen die französische Bevölkerung anbietet. Und die Mademoiselles sind eifrig dabei, ihre Befreier zu küssen und mit Blumen zu schmücken. Mit zirka 80 Mann werden wir schließlich in einer Garage eingepfercht, in der wir stehend die erste Nacht verbringen. Zum Glück gibt es darin eine kleine Toilette, wo wir aus einem Waschbecken Wasser trinken und selbiges auch wieder loswerden können. In meinem Glücksgefühl, am Kriegsende noch am Leben zu sein, hätte es mir nichts ausgemacht, die ganze Nacht auf einem Bein zu stehen. Noch vor ein paar Stunden hatte ich den sicheren Tod erwartet. Nun bin ich in der Obhut der Amerikaner und denke allen Ernstes an die Heimat und wie schön es sein würde, wieder zu Hause zu sein. Doch es sollte ganz anders kommen.

Am frühen Morgen des nächsten Tages geht es zurück zum leeren Marktplatz, wo sämtliche deutschen Gefangenen des Ortes antreten. In Viererreihen marschieren wir zweieinhalb Tage Richtung Süden ins Ungewisse. Die zweite Nacht verbringen wir in einem Flugzeughangar. Dort kommt es beinahe zu einem Massaker. Um Mitternacht rollt ein Lkw vor, vollbeladen mit sturzbetrunkenen bewaffneten Partisanen, die in die Halle eindringen wollen. Doch die beiden Amis, die vor dem Tor Wache halten, zeigen Courage, hindern sie mit MP-Salven am Absteigen, worauf die Meute grölend und wild in die Luft schießend wieder verschwindet.

Die dritte Nacht kampieren wir, immer noch ohne einen Bissen gegessen zu haben, auf einer Wiese. Dann folgt ein Marsch bis Mittag zu einem riesigen Armeedepot der Amerikaner, und wir werden auf Trucks verladen. Ein denkwürdiger Moment, denn von da an bin ich in amerikanischer Kriegsgefangenschaft keinen Schritt mehr zu Fuß gegangen. Die folgende Fahrt nach St. Raphael ist ziemlich gefährlich. Auf den Brücken warten schon Zivilisten und bewerfen uns mit allerlei Gegenständen, wobei Steine noch das Harmloseste sind. Den amerikanischen Lkw-Fahrern wird das bald zu bunt, schließlich schlagen ein paar Geschosse auch im Fahrerhaus ein. Die Amis werden schlauer und feuern mit ihren Maschinenpistolen in die Luft, immer kurz bevor wir eine Brücke erreichen, das schreckt die Zivilisten ab. In St. Raphael bleiben wir noch eine Nacht direkt am Strand der Riviera, zwischen den zerschossenen Hotels. Fast käme mir der Abend ein wenig romantisch vor, wäre da nicht der unsägliche Hunger in unseren Mägen. Seit über vier Tagen haben wir keinen Bissen zwischen den Zähnen gehabt. Man möchte fast meinen, die Amis dächten, wir Deutschen seien das Hungern gewöhnt, da brauche es keine Verpflegung.

Unter dem üblichen hämischen Jubel der Bevölkerung – wir werden eigentlich permanent bespuckt – marschiere ich zusammen mit etwa hundert anderen Gefangenen zum Hafen. Mir ist zum Heulen, als ich den Frachter sehe, der am Pier für uns schon bereitsteht.

Nichts ist es mit Nachhausekommen! Mich überfällt ein unglaubliches Heimweh. An der Reling stehen etwa dreißig englische Soldaten, die uns neugierig beobachten. Als wir an Bord gehen, soll jeder einen unten abgestellten Karton mit nach oben nehmen. Der amerikanische Kapitän des Frachters erklärt uns mit einem Handlautsprecher in langsamem Englisch, dies sei ein Schiff der US-Handelsmarine, und unser Ziel sei Neapel. Die Fahrt dauere drei Tage, und in dem Karton sei unsere Marschverpflegung. Der letzte Satz geht in riesigem Jubel unter. Wir reißen die Kartons einfach wie wild auf. Mit allen erdenklichen Gegenständen versuchen wir jetzt die Verpackung der Pakete zu entfernen. Was für ein Anblick nach der langen Abstinenz. Zwölf kleine Dosen Rind- oder Schweinefleisch, zwölf Dosen mit je drei Zigaretten, Nescafé, Neskakao, Bonbons, Zucker und drei Keksen. Das große Fressen beginnt. Keiner teilt sich die Rationen wirklich ein, und so sind die meisten nach zwei Tagen wieder zum Fasten verurteilt. Die Tommies mischen sich an Bord sofort unter die Landser und wollen Uhren und Orden gegen Zigaretten kaufen. Sie grinsen breit und verhandeln nicht besonders eifrig. Es geht zu wie auf einem Urlauberdampfer, und niemand ist mehr des anderen Feind, obwohl doch noch Krieg herrscht. Als es dunkel wird, müssen wir runter in den Frachtraum. Irgendjemand fängt zu singen an, und es wird ein richtiger Liederabend daraus. Die oben stehenden Engländer und die amerikanische Besatzung klatschen Beifall. Am Bug des Schiffes liegt ein Beiboot, auf dem vier junge Amis Karten spielen. Als ich sie neugierig betrachte, spricht mich einer an, und sie laden mich ein auf ihr Schifflein zu kommen. Sofort kommt eine nette Unterhaltung zustande, und als ich ihnen erzähle, dass mein Vater in New York lebt – er war schon vor dem Krieg dorthin ausgewandert, aber das ist eine längere Geschichte –, wollen sie es gar nicht glauben. Ich zeige ihnen ein paar Bilder von ihm. Das kommt so gut an, dass es in Zukunft meine große Masche werden wird.

Die Amis leben in diesen Tagen auf dem Schiff auch vom Büchsenfutter, aber sie haben klares Eiswasser zu trinken. Sie bieten mir für die Nacht eine Steppdecke an, die ich mir dankend abhole. Drei Tage haben wir herrliches Sommerwetter und eine ruhige See. Die Sinnlosigkeit eines Krieges wird wieder mal richtig deutlich, als uns die Kriegsgegner bei der Ankunft in Neapel von der Reling zum Abschied zuwinken.

Nach einer Propagandafahrt durch die Stadt, bei der wir als Gefangene noch einmal so richtig vorgeführt werden, erreichen wir unbehelligt das berühmte Lager Aversa, denn unsere ehemaligen Verbündeten und jetzigen Gegner, die Italiener, benehmen sich anständig und sehen lieber weg, anstatt sich wie die Franzosen rächen zu wollen. Nach ein paar Tagen in einem Zeltlager werden Hunderte der »Prisoners of War«, wie wir jetzt heißen, auf die Schiffe eines Geleitzuges verfrachtet. Allesamt leere Truppentransporter auf dem Rückweg in die Vereinigten Staaten, das wird uns schnell klar. Statt in Europa nutzlose Gefangenenlager zu bauen, bringt man die Deutschen nach Amerika, wo sie als Arbeitskräfte und Ersatz für die Soldaten in Europa harte Arbeit leisten müssen.

Amerika – das ist zur damaligen Zeit jedermanns Traumland. Dreizehn Tage sind wir unterwegs, und ich habe wieder einmal Glück. Zweimal am Tag gibt es auf unserem »Dampfer«, auf dem auch amerikanische Offiziere in den Heimaturlaub schippern, ein Essen, wovon wir Kriegskinder nur träumen konnten. Während auf manch anderen Schiffen nur die bekannten Dosen kalt ausgegeben werden, herrscht bei uns Überfluss an warmem Kantinenessen. Und so bin ich frohen Mutes und erwarte das Erlebnis der ganz besonderen Art: die Ankunft in New York. Unsere Augen können sich an den Wolkenkratzern, an der Stadt, die scheinbar in völligem Frieden liegt, gar nicht satt sehen. Mit einer Fähre geht es rüber nach Brooklyn, wo schon ein Pullman-Zug mit gepolsterten Bänken auf uns wartet. Was für ein Anblick, als es Nacht wird und die unverdunkelte Stadt zu strahlen beginnt. Da drüben, denke ich, lebt irgendwo mein Vater und hat keine Ahnung, dass sein Sohn als Gefangener ganz in seiner Nähe ist.

Die dreitägige Zugfahrt ist dann doch eine Qual. Wir hätten lieber einen Güterwagen mit Stroh gehabt, als ständig stocksteif auf den Polstern zu sitzen, die wir nicht verlassen dürfen. In Iowa werden wir schließlich ausgeladen. Kein Baum, kein Strauch, nur flache Felder, so weit das Auge reicht. Warum sind wir tausende Kilometer gefahren und landen hier am Arsch der Welt, frage ich mich. Im Camp angekommen, sieht dann alles gleich viel besser aus. Wir werden auf verschiedene Baracken verteilt, die bereits zum Teil belegt sind. Die neuen Eindrücke sind so überwältigend, voller Überraschungen, und ich kann nicht sagen, was mich am meisten begeistert. Alles scheint so friedlich hier. »Jetzt geht's erst mal zum Duschen, bevor es

Essen gibt«, ist eines der ersten Kommandos, die ich in Iowa höre. Duschen, denke ich. Das nützt doch nichts, wenn wir dann wieder in unsere dreckige Uniform und zehnfarbige Unterwäsche schlüpfen müssen. Doch auch daran haben die Amis gedacht. In einer Kleiderkammer erhalten wir Handtuch, Seife, Rasierzeug und Unterwäsche. Amerika ist ein unglaubliches Land.

In unserem Camp hat jede Kompanie einen Waschraum mit Duschen, und aus den Hähnen läuft tatsächlich Tag und Nacht warmes Wasser. Ich bin sicher, dass keiner von uns Neuen jemals im Leben das erste Abendessen im Kompaniespeisesaal vergessen wird. Kalter Braten, Hühnchen, Aufschnitt, Käse, Butter, Weißbrot und zum Nachtisch Eiscreme – das alles für Kriegsgefangene, die nicht einmal arbeiten müssen. Die Medien in den Staaten hetzen deshalb in diesen Tagen auch des Öfteren über die gute Behandlung der Nazis, doch Präsident Roosevelt rudert sofort dagegen und lässt verlauten: Wir wollen die Gefangenen behandeln wie unsere Gäste, sie mit unserer Demokratie vertraut machen. Doch das Wichtigste ist, wenn die Deutschen hier bei uns sind, kann keiner mehr einen von unseren Jungs töten. Uns soll es recht sein. Uns können die Amis, die in Europa kämpfen, hier nämlich auch nicht killen.

Nach ein paar Tagen erfahre ich, dass der Küchenchef dringend eine Hilfe für sein Casino sucht, und ich sage ihm zu. Wer als Gefangener arbeitet erhält neunzig Cent pro Tag, ohne Arbeit zehn Cent – für Tabak und Kantinenwaren. Während die Barackengenossen den ganzen Tag nur faulenzen, Skat dreschen oder von ihren Heldentaten erzählen, lerne ich beim strengen Küchenchef, was es heißt, richtig schwer zu arbeiten. Dass manche der Luxusgefangenen nach ein paar Wochen schon über das Essen meckern, kann einer der Kameraden, die in Russland waren, wohl kaum nachvollziehen. Ich denke ständig an meine Mutter und an die armen Menschen zu Hause, die immer noch unter dem Krieg leiden müssen, während wir hier sicher sind und in einem bisher nie erlebten Überfluss baden.

Dezember 1944, wir sind gerade dabei, meinen achtzehnten Geburtstag mit Torte und Kaffee zu feiern, als ein Lieutenant, ich glaube er hieß Minnok, zur täglichen Inspektion in die Küche kommt. Er gratuliert mir und wir führen ein längeres Gespräch. Er weiß, dass mein Brief an die New Yorker Adresse wieder zurückgekommen ist und verspricht mir, meinen Vater ausfindig zu machen. Irgendwie muss ich dem Lieutenant wohl sympathisch sein, denn er verschafft mir vor seiner Entlassung noch einen tollen Job im Offizierscasino der Amis, der aber leider nach zwei Wochen wieder zu Ende ist, denn bei der täglichen Gefangenenzählung um 18 Uhr fehlt plötzlich ein Mann – nämlich ich. Der neue Casino-Offizier ist natürlich stinksauer und notiert sich meinen Namen. Ein paar Tage später werde ich mit hundert Mann zum Arbeitseinsatz in ein anderes Lager versetzt. Job verloren, neu gewonnene Freunde verloren – warum musste ich Blödmann noch ein Nickerchen machen?

Doch auch das neue Camp, Fort Custer Michigan, macht gleich einen guten Eindruck auf mich. Wieder mal Glück für mich: Ich komme zu einem Kommando, das in der Stadt im größten US-Armyhospital arbeitet.

Die ersten Tage muss ich Mülltonnen säubern, komme dann aber zu einem Team, das die Tonnen im ganzen Haus abholt. So lerne ich schnell das ganze Hospital, die Beschäftigen, die Girls und viele Verwundete kennen, denn die Mülleimer stehen ja überall herum. Wenn wir unsere Tour beendet haben, mischen wir uns unter die Patienten und können so die tolle Betreuung für die amerikanischen Verwundeten miterleben. Filmstars, die bekanntesten Swing-Bands der USA, Catcher und Künstler aller Art zeigen ihre Shows. Ich denke oft, dass es ein besonderes Glück oder Schicksal war, dass ich wegen meines Nickerchens zu spät gekommen war und hier gelandet bin.

Mai 1945: Ein paar Tage vor Kriegsende ruft der Sergeant am Lagertor meinen Namen auf und sagt, ich müsse morgen nicht zur Arbeit erscheinen. Was habe ich bloß schon wieder falsch gemacht? Dann aber teilt er mir mit, dass ich Besuch bekäme. Ich weiß: Das kann nur mein Vater sein. Die halbe Nacht kann ich vor Aufregung nicht schlafen, denn ich habe diesen Mann noch nie bewusst gesehen. Ich war zwei Jahre alt, als er eine sogenannte Green Card für die USA erhielt. Er wollte Mutter und mich sofort nachkommen lassen, doch es sollte nicht sein. Für ihn ist das Treffen ziemlich peinlich, ich habe eher ein saudummes Gefühl. Es stellt sich heraus, dass Lt. Minnok über eine deutschsprachige New Yorker Zeitung nachfragen ließ, ob jemand meinen Vater kenne. Eine Leserin rief daraufhin im Empire State Building an, in dessen Dach-Restaurant mein Vater Oberkellner war. Er hatte dann sofort eine Besuchserlaubnis bei der Armee beantragt. Ein seltsames Wiedersehen, das man eigentlich gar nicht so bezeichnen kann. Nach zwei Stunden ist die große Wiedersehensfeier beendet. Zum Abschied schenkt er mir eine wunderschöne Uhr, seine Dollars darf ich allerdings nicht annehmen. Nun habe ich also endlich einen Vater – und der wird für meine weitere Zeit als Gefangener auch noch von Bedeutung sein.

In den USA, wo die meisten Gefangenen wirklich ein schönes Leben führen, ist es ein Unterschied, ob jemand einen Job hat wie ich oder in einem Zeltlager untergebracht ist und in den Baumwollfeldern oder bei Farmern arbeiten muss. Ein jähes Ende unseres Lebens im Schlaraffenland kommt mit der deutschen Kapitulation am 8. Mai 1945. Plötzlich lässt man uns ausgiebig spüren, wer der Verlierer ist. Die Verpflegung wird von einem auf den anderen Tag um achtzig Prozent gekürzt, und in der Kantine gibt es kaum noch was zu kaufen – keine Zigaretten mehr, nur eine kleine Tabakzuteilung. Im Hospital ändert sich zum Glück nichts, und ich habe durch zivile Bekannte weiterhin Kontakt zu meinem Vater.

Das Fort Custer, in dem ich jetzt seit Monaten bin, ist ein Entlassungslager für GIs, die aus dem Armeedienst ausscheiden. Sie verbringen ein paar Tage in den Baracken und werden neu eingekleidet. In den Amiküchen und Kleiderkammern sind überwiegend Gefangene beschäftigt, und die klauen, was das Zeug hält. Fast jeder, auch ich im Hospital, hat einen Kostgänger im Lager, den er versorgen kann, denn wir werden bei der Rückkehr von der Arbeit am Lagertor nie kontrolliert. Unser jüdischer Camp Commander sieht schnell ein, dass die von der Regierung vorgeschriebenen Rationen einfach nicht tragbar sind, und er lässt das ausgelassene Fett aus den Amiküchen zu uns bringen, damit wir daraus wenigstens fette Bratkartoffeln machen können. Gerne hätte ich noch ein paar dieser schlechten Nachkriegsjahre in den USA verbracht, aber ab Januar 1946 werden wir – so heißt es zumindest in den amerikanischen Medien – in die Heimat zurückgeschickt. Die Rückführung der deutschen Gefangenen in ihre Heimat wird jedenfalls in den Medien groß herausgebracht, und wir freuen uns auf ein baldiges Wiedersehen mit unseren Angehörigen. Mit einem prall gefüllten Seesack will ich die Heimreise antreten. Am Hafen von New York kann ich mich von meinem Vater verabschieden. Und dann geht es wirklich heimwärts, denke ich. Doch was jetzt kommt, wird zur größten Enttäuschung in meinem Leben.

Die Überfahrt von New York nach Le Havre beginnt gleich mit einem Fiasko. Unser Schiff hat Maschinenschaden und kann nicht mit den anderen auslaufen. Das zweite Unglück ereignet sich nach ein paar Tagen, als auf hoher See der Kapitän stirbt. Alle Gefangenen und die Besatzung müssen ihm ein Seemannsgrab im Atlantik geben. Eine unheilvolle Rückfahrt nach Europa. Bei der Ankunft in Le Havre ist aber herrliches Wetter, und wir sind bester Stimmung. Zwei, drei Tage noch, denken wir, dann sind wir zu Hause. Während wir am Hafen auf einen Zug warten, braust ein Jeep mit zwei Soldaten in Amiklamotten und mit deutschen Landsermützen auf dem Kopf heran. Sie arbeiten für die Amerikaner, tragen aber die Mützen, um als Deutsche erkannt zu werden, denn die Yankees seien nicht gerade beliebt hier, sagen sie. Als wir ihnen unser Fahrtziel erklären, lassen sie uns in dem Glauben, doch die beiden wissen genau, wohin unsere Reise wirklich gehen soll. Nichtsahnend und voller Freude steigen wir in die Viehwaggons, die für uns bereitstehen. Noch sind wir unter amerikanischer Bewachung. Kurz nach Mitternacht hält der Zug und wir hören Kommandorufe in mehreren Sprachen. Als es heißt, alles aussteigen mit Gepäck, glauben wir an einen Wechsel des Zuges – doch nicht das Gefährt, sondern die Bewacher wechseln. Nachdem wir an deren Uniformen die Aufschrift »Poland« lesen, kommt erster Zweifel auf. Die Polen bringen uns mit großem Geschrei im Fußmarsch in das ein paar Kilometer entfernte Lager mit Namen Attichy. Tausende Deutsche haben dieses Camp sicher nicht in bester Erinnerung. Bei greller Beleuchtung werden wir am Eingang unter lautstarkem Protest von der deutschen Lagerpolizei gefilzt und anschließend in große Zelte mit je fünfzig Mann eingewiesen. Die Unterkunft ist unbeleuchtet. Auf dem kargen Boden ist etwas Stroh ausgelegt. Die Stimmung ist plötzlich so mies, dass kaum jemand ein Wort über die Lippen bringt. Wir versuchen, eingerollt in unsere Steppdecken, etwas Schlaf zu finden. Wer nachts mal raus muss und kein Feuerzeug besitzt, kann seinen Platz kaum wiederfinden.

Am anderen Morgen sind wir immer noch voller Hoffnung, dass das Ganze nur ein Art Übergangsstation ist und der Transport in die Heimat weitergeht. Als aber am Nachmittag amerikanische Offiziere in Begleitung von Franzosen erscheinen, weiß auch der letzte Zweifler, was gespielt wird. Man muss sich folgendes vorstellen: Ein Mensch befindet sich nach jahrelanger Trennung von seiner Heimat und seiner Familien auf dem Weg zu seinen Angehörigen und ist in Gedanken schon seit Tagen bei ihnen, wird dann aber mit der Tatsache konfrontiert, belogen worden zu sein. Nichts ist es mit der Heimkehr. Er kommt gar nicht nach Hause, und es erwartet ihn Schlimmeres, als er je zuvor erlebt hat. Die Offiziere entpuppen sich als Ärzte, und es beginnt eine Selektierung wie auf einem Sklavenmarkt. Vor Wut und Enttäuschung fangen auch die stärksten Männer an zu heulen. Und das tut auch der Himmel. Das frühlingshafte Wetter verwandelt sich in Schneeregen, und das Lager gleicht rasch einer Sumpflandschaft, durch die man tagelang waten muss, um an die kargen Mahlzeiten zu kommen. Manche von uns haben nur Halbschuhe oder US-Army-Boots, die ziemlich undicht sind. Drüben, in meiner Müllfahrerzeit, fand ich mal ein paar Gummigaloschen, die bestimmt eine besorgte Mama ihrem Sohn geschickt hatte, der aber hatte sie wohl als zu unmännlich empfunden und weggeworfen. So nahm ich sie mit, und jetzt ziehe ich sie über meine Stiefel und bin der einzige, der seine Socken nicht auswinden muss.

Am einem der folgenden Tage wird die »Güteklasse eins an Mensch«, zu der auch ich gezählt werde, in eine typisch französische Kaserne nach Laon versetzt. Riesige ungeheizte Räume, Eisenbetten und die bekannten Stehklosetts, die dauernd verstopft sind, sind ihr Markenzeichen. Die berühmte französische Küche lernen wir hier in Form der täglichen Sojasuppe kennen. Die sieht aus wie Tapezierkleister und schmeckt auch so. Auf den Säcken, in denen diese

Köstlichkeit geliefert wird, steht in großen Lettern »For Pig Feeding« – es handelt sich also um Schweinemastfutter. Nach ein paar Tagen muss unser Haufen im Kasernenhof zum Weitertransport antreten. Zu unserer Überraschung erscheinen mehrere französische Soldaten und fangen an, uns zu filzen. Ich stelle mich bewusst wie immer ganz hinten an und kann so zusehen, wie die Kerle den Gefangenen Seifen, Toilettenartikel und alles, was für sie brauchbar erscheint, wegnehmen. Nachdem kein Offizier oder Feldwebel zugegen ist, vermutete ich, dass die Soldaten das ohne Befehl machen. Ich warte und überlege. Es sind nur noch ein paar Reihen bis zu mir, da sehe ich am Ende des Hauses unseren Dolmetscher. Ein Hoffnungsschimmer. Ich schreie ihm hinterher, doch er dreht sich nicht einmal zu uns her und verschwindet einfach. Als ich mit den letzten fünf Mann zum Filzen an der Reihe bin, weigere ich mich, meinen Seesack auf die ausgebreitete Steppdecke zu leeren. Der Franzose schreit mich an, und ich schreie munter auf Deutsch zurück, dass er mich mal kann und dass er meine Sachen nicht bekommt. Und Schreien hilft manchmal im Leben. Jedenfalls erscheinen plötzlich ein Leutnant sowie ein elsässischer Feldwebel. Ich frage die beiden, wieso man uns all unsere Sachen wegnimmt. Der Sergeant übersetzt brav und der Leutnant sagt nach einer kurzen Überlegung, dass alle, denen etwas weggenommen wurde, es sich wieder zurückholen könnten. Mit einem Aufschrei stürzt sich jetzt unsere ganze Kolonne auf den Haufen an für uns wertvollen Gegenständen, den die Franzosen aufgehäuft haben, und jeder fischt sich raus, was er gerade erwischen kann. Es ist ein

Mordstumult, und es dauert einige Zeit, bis wieder Ruhe einkehrt.

Ein Trupp von Marokkanern, die von nun an unsere Bewacher sind, marschiert anschließend mit uns zum Bahnhof, wo wir in offene Güterwagen verladen werden. Wir sollen in ein Bergwerk verfrachtet werden – die Parole macht schnell die Runde und drückt unsere Stimmung noch weiter. Der Zug hält nach einigen Stunden Fahrt, auf der ich von allen Seiten für meine Courage gelobt werde, direkt innerhalb eines Gefangenenlagers. Als Erstes erscheint, wie üblich, die deutsche Lagerpolizei, um wieder einmal unser Gepäck zu filzen. Dabei geraten sie nach meiner Vorstellung von heute Mittag aber an die Falschen. Sofort machen wir ihnen klar, dass wir vor Stunden erst eine Durchsuchung gehabt hätten und dass wir uns von den eigenen Landsleuten schon gleich gar nicht kontrollieren lassen wollten. Die Herren sind solche Redensarten offenbar nicht gewöhnt, denn wir sind der erste Transport »Amerikaner«, wie sie uns von nun an nennen. Sie holen sofort den deutschen Lagerführer. Dieser, ein blonder Enddreißiger vom Typ Oberfatzke, kommt aus einer Baracke, die direkt am Appellplatz ist. Er erklärt uns, dass er Bergwerksingenieur sei und ein Monsieur Mech, ein ehemaliger französischer Hauptmann, die Gesamtleitung des Lagers habe. Noch in der Euphorie des Vormittags frage ich ihn ganz im Ernst und per Sie, ob er auch Gefangener sei, denn er trage ja keinerlei Gefangenen-Kleidung. Selbstverständlich sei er Gefangener, und er habe die erste Zeit selbst hier im Bergwerk gearbeitet, lässt er verlauten. Dafür erntet er ein schallendes Gelächter der Alteingesessenen, die immer zahlreicher um uns herumstehen. Ihr Anblick macht uns schaudern. Sie haben abgetragene Uniformen und Holzschuhe. Ihre hohlwangigen Gesichter und ihre dunklen Augenringe, die vom Kohlenstaub herrühren, lassen sie wirklich elend aussehen.

Nach irgendeinem System, das wir nicht durchschauen, werden wir anschließend auf die einzelnen Baracken verteilt. Da ich aufgrund der Eindrücke, die ich in den letzten Tagen erleben musste, fast schon apathisch alles Neue aufnehme, kann mich selbst der Anblick dieser neuen Behausung, so schrecklich sie auch aussieht, nicht mehr aus der Ruhe bringen. Die Bettgestelle sind dreistöckig – immer zwei aneinander, und als Matratzen dienen Strohsäcke. Nachdem der Blockführer mir einen freien Bettplatz angewiesen hat, fühle ich, wie mich die Leute in der Baracke neugierig begaffen, doch keiner verlässt seinen Platz oder hat ein Wort der Begrüßung für mich. Diese komische deutsche Schüchternheit kenne ich schon zur Genüge. Nachdem ich meinen Mantel ausgezogen habe, sage ich in Richtung der Tische im Mittelgang: »Servus beinand.« Ein gutmütig aussehender Typ meint daraufhin: »Du bist bestimmt a Bayer.« Als ich ihm meine Münchner Herkunft nenne, habe ich schon einen Freund gewonnen. Schön langsam tauen die anderen dann auf, und ich setze mich zu ihnen an den Tisch. Sie betrachten mich wegen meiner sauberen Kleidung und der Steppdecke neidisch. Als ich ihnen erzähle, dass unser Transport aus Amerika kommt, wollen sie es gar nicht glauben.

Der Landsmann, ein Bauer aus Ismaning, klärt mich dann in der nächsten Stunde über die wichtigsten

Dinge des Lagers auf. Kurz darauf kann ich mich selbst von der hiesigen Verpflegung überzeugen. Zwei Mann bringen Brot und Schweinefett in die Stube, und ein Vertrauensmann beginnt, die Sachen mit einer selbstgebastelten Waage aus Pappe zu verteilen: 500 Gramm Brot, 50 Gramm Schweinefett, drei Stück Zucker. Die Hauptmahlzeit ist ein Liter lieblos gekochte Gelbrübensuppe. Diese Rationen gibt es ab sofort täglich – ohne Abwechslung. Die Enttäuschung und die Wut über den Sklavenverkauf der Amerikaner in dieses Elend hier lassen mich nächtelang nicht schlafen. Eines Nachts kommt mir plötzlich der Gedanke, dass ich seit unserer Überfahrt keinen unserer Spezis aus Österreich mehr getroffen habe. Die sind tatsächlich alle in ihre Heimat geschickt worden, wie ich später erfahre.

Am nächsten Tag empfangen wir Arbeitskleidung und einen roten Plastikhelm sowie eine Art Turnschuhe und zwei Decken. Die »Prisoniers de Guerre«, wie wir jetzt heißen, arbeiten in zehn verschiedenen Zechen; zu sieben davon fährt man mit einem Zug, drei Gruben, die näher liegen, können zu Fuß erreicht werden. Mein erster Arbeitstag ist ein Samstag. Nach Empfang einer Grubenlampe geht es hinunter in die Finsternis. Wir sind etwa ein Dutzend Neue, die von einem Steiger, so nennt man einen vorgesetzten Bergmann, auf verschiedene Arbeitsplätze verteilt werden. Um nicht gleich ins kalte Wasser springen zu müssen, darf ich zunächst einem alten Bergmann helfen, defekte Stollen auszubessern. Der Sonntag in den Baracken, an dem alle Insassen anwesend sind, ist ein guter Tag, um weitere Bekanntschaften zu machen. Viele der

Gefangenen des Camps sind aus den Hungerlagern im Rheinland gekommen, und für die ist es fast eine Verbesserung, wieder in trockenen Baracken mit einer geregelten, wenn auch miesen Verpflegung zu leben. Wie leicht hätte auch ich dieses Schicksal erleiden können, und so machten mir die Erzählungen der Kumpel wieder Mut.

Das Jahr 1946, glaube ich, ist das schlimmste Jahr seit Kriegsbeginn, und ganz Europa hungert. Kohle ist neben Lebensmitteln wohl das Wichtigste zum Überleben, und so bekommen die Bergarbeiter außer Geld die meisten Lebensmittelzuteilungen – nur wir nicht. Fünfzehn alte Franc sind unser Tageslohn. Zwanzig kostet eine Flasche Limo. Unsere Bewacher sind Marokkaner, dann Algerier, zuletzt Tunesier. Die Führung haben ausschließlich Franzosen. Die Verwaltung ist zivil. Und sie betrügt uns, wie sich später herausstellt, wo sie nur kann. Innerhalb des Lagers gibt es nie eine Kontrolle, und für die Sauberkeit haben wir selbst zu sorgen. Essen und Rauchen ist der einzige Zeitvertreib für die Prisoniers. Ein Päckchen Tabak ist die Monatsration. Ein Drittel der Bergarbeiter sind Polen, die aus dem Ruhrgebiet kommen und deutsche Kriegsgefangene waren. Sie sind unsere Dolmetscher, und die meisten haben immer eine Stulle mehr im Brotbeutel für einen von uns Hungerleidern.

Meistens werden wir entsprechend unserer körperlichen Fitness und unserer Figur für die diversen Tätigkeiten verwendet. Da ich klein und wendig bin, lande ich im Flöz, das ist die Kohlenader, in der die Kohle gehauen wird. Um einen Zusammenbruch der abgebauten Felder zu vermeiden, werden diese wieder mit Steinen aufgefüllt. Die Flöze unserer Gruben sind fast alle sehr steil und niedrig, und so muss beides, das Abbauen und Auffüllen, im Liegen oder Sitzen ausgeführt werden. Ein paar Monate lang verbaue ich jeden Tag Steine, die über eine Blechrutsche herunterdonnern, was wohl die gefährlichste Tätigkeit ist, die es im Bergwerk gibt. Einmal beobachte ich den deutschen Schmied, wie er im Pferdestall Hafer an die Pferde verfüttert. Hafer und Haferflocken, das muss doch einen Zusammenhang haben, denke ich und klaue mir am nächsten Tag einen Stoffbeutel voll. In der Baracke koche ich den Hafer mit Wasser auf. Er soll Zusatznahrung sein, ist aber leider zunächst ungenießbar, weil er zu viele harte und nicht zu kauende Bestandteile hat. Es ist, als würde man auf Kies kauen. Ein Sieb oder ein Filter könnte helfen, doch so etwas haben wir natürlich nicht. Doch dann kommt meinem Bettnachbar eine blendende Idee. Er schlägt Löcher in eine Büchse, und mit einem Stößel drücken wird den heißen Hafer durch die Dose. Es klappt wunderbar, schmeckt und füllt den Magen. Leider finden sich in den nächsten Tagen zu viele Nachahmer, und bald darauf wird die Haferkiste mit einem Schloss versehen.

Das ständige Hungern hat schließlich ein Ende, als ich einen Polen namens Stefan näher kennenlerne. Ich erzähle ihm von meinem Vater und von meiner Idee, eine Zivilperson zu finden, über die ich Briefe oder auch Pakete unzensiert von den USA nach Frankreich erhalten könnte, denn unsere Korrespondenz nach Hause wird kontrolliert, und Briefe mit Thema Bergwerk kommen nie durch. Stefan erklärte sich sofort bereit, dies für mich zu tun. Nun kann ich meinem

Vater endlich ohne Zensur berichten, in welch fataler Lage ich mich befinde und dass ich seine Hilfe dringend brauche. Der Briefwechsel klappt, und schon ein paar Wochen später kommt das erste Paket aus den USA an. Stück für Stück steckt mir Stefan dann den Inhalt zu. Wieder einmal habe ich dieses besondere Glück – ziehe mir aber auch viele Neider zu.

Immer mehr Transporte kommen in diesen Tagen ins Lager, und zu den Wanzen, die wir schon zur Genüge haben, gesellen sich Läuse und Flöhe. Ende 1946 werde ich zur Frühschicht versetzt, und das bedeutet, Arbeit »vor Kohle« wie der Bergmann sagt. Nach einer halbstündigen Ausbildung bin ich Hauer. Erst gefällt mir diese Tätigkeit, aber als dann eine tägliche Norm von fünf Metern pro Mann verlangt wird, egal ob die Kohle hart ist oder weich, vergeht mir die Freude schnell. Für einen Anfänger ist dieses Soll kaum zu erfüllen. Die Arbeit ist brutal.

Die Monate vergehen im alltäglichen Trott. Viele versuchen zu fliehen, fast alle kommen aber wieder zurück oder landen in einem anderen Lager. Ende 1947 entscheidet schließlich eine internationale Kommission, dass Kriegsgefangene nicht mehr unter Tag arbeiten dürfen, außer man bezahlt und verpflegt sie wie zivile Bergarbeiter. Statt wie bisher 15 erhalten wir 700 Francs pro Schicht, aber 300 Francs werden für die Verpflegung, die jetzt aus Kartoffeln, Bohnen und Nudeln besteht, abgezogen. Damit endet auch die Ära der täglichen Gelbrübensuppe. Doch richtiges Fleisch, Wurst oder Butter gibt es nie. Als Gegenwert zu unserem schwer verdienten Lagergeld wird uns in der Kantine allerlei Billigware zum Kauf angeboten.

Die Ersten, die 1948 zur Entlassung kommen, sind die über Vierzigjährigen und die Unteroffiziere. Nun wissen wir, dass es nicht mehr lange dauern wird, bis man auch uns entlässt. Und so reißen wir mit wachsendem Mut auch das Jahr 1948 einfach runter, ohne groß nachzudenken. Der große Tag kommt im Spätherbst 1948: meine Entlassung. Weihnachten bin ich dann endlich wieder zu Hause – ohne Beruf. Mit einem geschenkten Schulabschluss, mit dem man uns an die Front entlassen hatte, und ohne Aussicht auf einen Job muss ich mit zweiundzwanzig noch eine Lehre bei einem Steuerberater antreten. Gesundheitlich hat mir das Bergwerk sehr geschadet, aber ich habe den Krieg und die Gefangenschaft überlebt. Vielleicht, so denke ich mir heute, war die Zeit im französischen Bergwerk ein bisschen Ausgleich für alle Kameraden, die in russischer Gefangenschaft die Hölle erleben mussten.

Schlachtbank

Hans Schaber, Rosenheim
Obergefreiter, Ostfront

Winter am Ural. Es ist furchtbar kalt, seit Wochen, ich habe das Gefühl, mein ganzes Leben lang gefroren zu haben. Man sagt uns, heute seien 44 Grad minus gemessen worden. Wir sind am Übergang von Europa nach Asien, in Karaganda. Das liegt 1500 Meter über dem Meeresspiegel und ist umgeben von reiner Steppe. Darum ist es so kalt. Von Karaganda nach Wladiwostok ist es genauso weit wie von hier nach München. Eine furchtbar lange Strecke. Es ist die erste Nacht hier in diesem Lager. Ein sechsjähriger, erbarmungsloser Krieg und ein monatelanger, mörderischer Transport durch ganz Russland immer weiter nach Osten in die Gefangenschaft liegen hinter uns. An den kleinen Bolleröfen in den Baracken des Lagers Karaganda können wir uns für ein paar Minuten wärmen. Kaum beginnen wir ein bisschen aufzutauen, kommen auch schon die Schmerzen in den Zehen, Füßen und Waden. Als wir die Hosen aufmachen, um nachzuschauen, kommt uns das kalte Grauen: Alles ist bis zu den Knien hinauf ganz rot und entzündet. Es wird eine höllische Nacht voller Qualen. Wieder eine.

Am Vormittag kommt der deutsche Arzt und fragt, wer krank sei. Da meldet sich die ganze Baracke, egal ob Deutsche, Rumänen oder Ungarn. Sofort werden zwei Baracken als Lazarett eingerichtet. Bei der Untersuchung durch eine russische Ärztin und einen deutschen Arzt hört man immer wieder die gleiche Diagnose: »Erfrierung ersten, zweiten oder dritten Grades.« Ich habe den rechten Fuß von den Zehen bis zu der Ferse und rauf bis zum Knöchel ganz schwarz. Am linken Fuß sind die zwei großen Zehen betroffen. Erfrierung dritten Grades. So komme ich in ein neu eingerichtetes Notlazarett. Wenn auch die Schmerzen noch so unerträglich sind, so stehe ich doch immer wieder auf und besorge mir, wenn's geht, warmes und kaltes Wasser. Damit mache ich Wechselbäder, bis das warme Wasser auch kalt ist. Ich merke, dass es etwas besser wird, und bemühe mich, die Wechselbäder so oft wie möglich zu machen. Nach den ersten Tagen merke ich, dass die Durchblutung spürbar angeregt wird. Am dritten Tag brechen die Zehen auf, das nackte Fleisch kommt zum Vorschein. Der Sani legt mir einen Verband an. Die Wunden stinken nach faulendem Fleisch – ein Geruch, der sich auf das ganze Lazarett ausbreitet.

Beim Wechsel des Verbandes bin ich immer bemüht, Wechselbäder zu machen, was mir auch der Arzt empfohlen hat. Wer sich selbst nicht helfen kann oder zu schwach ist, aufzustehen, ist hier verloren. Wenn ich an die Kameraden denke, deren Füße damals noch schlimmer erfroren waren, kommt mir noch heute mein Spezl Franz Spät in den Sinn. Er liegt tagelang neben mir. Am dritten Tag im Lazarett hängen ihm schon die Fußsohlen von den Zehen bis zu den Fersen weg. Am vierten Tag fallen sie ab. Seine beiden Füße sind so schwarz, als hätte er schwarze Halbschuhe an. An den Füßen ist jetzt nur noch das blanke Fleisch zu sehen, mit Eiter überzogen. Am fünften Tag stirbt der Franz. Der Arzt sagt mir, wenn sich die Adern nicht schneller schließen als das Fleisch abstirbt, dann bekommt man Blutvergiftung und ist rettungslos verloren.

In der ersten Woche sterben von uns 100 Deutschen 45. Im Laufe der nächsten Wochen sterben weitere 20. Die Todesursache ist immer noch die gleiche: Erfrierungen. Wer durchkommt, ist für sein Leben verstümmelt – ob nur die Zehen oder die Vorderfüße abgeschnitten werden. Und das geht so: Der Arzt sucht ein Gelenk, an dem er das Fleisch leicht mit der Verbandschere durchtrennen kann. Mir bringt er ums Verrecken am ersten Tag den großen Zeh nicht weg, schafft es aber dann am nächsten Morgen mit einer größeren Schere. Während der ganzen Tortur liegt man im Bett auf einem Strohsack. Alles ohne Betäubung. Man kann nur auf die Zähne beißen und sich mit den Händen am Bettgestell festhalten. Das verursacht manchem meiner Kameraden Schmerzen bis zur Bewusstlosigkeit. Von uns 100 Deutschen sind nach zwei Wochen nur noch 15 Mann arbeitsfähig. Es geht zum Kohlenbergbau. Der Dezember 1945 zeigt sich hier am Ural von seiner härtesten Seite. Bis zu 50 Grad unter Null werden gemessen. Die Gesunden müssen trotz der grimmigen Kälte zur Arbeit gehen: Vier Kilometer raus, acht Stunden arbeiten und wieder vier Kilometer zurück ins Lager, obwohl kaum etwas zu bewerkstelligen ist bei diesem Frost, denn unser Lager arbeitet im Kohleabbau über Tage.

Hier im Lazarett liegen 100 Kranke in der vorderen Abteilung. Hinten liegen die Ruhrkranken: 50 Mann in einem winzigen Kammerl, zusammen mit zehn Lungenkranken. Der deutsche Arzt merkt, dass ich mich ganz gut mit den Rumänen verständigen kann. Das ist mein Glück. Nachdem die Stümpfe an meinen amputierten Zehen einigermaßen verheilt sind und ich wieder auftreten kann, werde ich Sanitäter. Keine schlechte Aufgabe, wenn ich an die Kohlengrube denke. Als Erstes muss ich dann aber gleich die Lungenkranken pflegen, denn da traut sich keiner ran. Jeder hat Angst davor, sich anzustecken. Wieder habe ich Glück, denn mein Einsatz für die Kranken kommt beim Lazarettleiter und schließlich auch beim Lagerkommandanten so gut an, dass mich Letzterer in den Offiziers-Club abkommandiert. Dort darf ich Essen ausgeben, und ich bekomme jeden Abend einen Pott voll Suppe. Irgendwie mache ich dann Karriere, bin für die Essensausgabe im halben Lager zuständig. Weil die Russen merken, dass ich die Verpflegung gerecht verteile, übergibt man mir die Verantwortung für das Essen im ganzen Lager – für einen Deutschen ist das eigentlich nicht zulässig, der Kommandant drückt aber ein Auge zu. Er schätzt mich so, dass er mich sogar vor den Lagerinspektionen schützt. Immer, wenn eine Inspektion kommt, darf ich mich ins Lazarett verziehen und lege mich zu den Lungenkranken ins Zimmer, denn da traut sich nach wie vor keiner rein. Zu den Lungenkranken geht nur der deutsche Arzt, alle anderen haben zu viel Angst.

Mein linker Fuß ist in diesen Tagen schon fast abgeheilt, aber beim rechten geht es sehr, sehr langsam. Ich habe immer noch Eiter von den Zehen bis zum Knöchel. Die Verbände müssen alle Tage gewechselt und gewaschen werden. Meine Arbeitszeit beginnt trotz der Verletzung morgens um 6 Uhr und dauert oft abends bis 23 Uhr. Meine Hauptaufgabe: Fieber messen. Meistens fühle ich da nur den Puls. Nur wenn mir etwas verdächtig erscheint, benutze ich wirklich das Thermometer. Ich habe nur eines, und es würde viel zu lange dauern, bei allen 160 Kranken jeden Tag zweimal die Temperatur zu messen. Tabletten austeilen, Umschläge machen und Hand anlegen, wo immer Hilfe gefordert ist – damit verbringe ich Tag um Tag. Viele meiner Kameraden bekommen von dem Kohlenstaub Entzündungen. Täglich kommen 15 bis 20 Mann ins Lazarett. Immer noch gibt es viele Erfrierungen, die oftmals wenig glimpflich verlaufen. Ich erinnere mich an einen kleinen Rumänen. Der hatte sich bei der Arbeit den kleinen Zeh erfroren. Er kam ins Lazarett und am nächsten Tag waren am Zeh nur noch der Knochen und das blanke Fleisch zu sehen. Einen Tag darauf ist er gestorben. Er war nicht der letzte Tote in diesem brutalen Winter am Ural.

Doch dann kommt der Sommer, fast von heute auf morgen. Der Frühling fällt dieses Jahr in Sibirien einfach aus. Im Sommer ist es dort auch ziemlich warm, manchmal bis zu 25 Grad. In den Monaten Juni, Juli und August wächst Gemüse, und für die Ziegen gibt es etwas Gras. Anderes Vieh habe ich dort niemals gesehen. In diesen Höhen regnet es kaum, da kommt eher ein Sandsturm als ein Gewitter. Ich habe in diesen

Tagen immer noch Schmerzen an den Zehen und Füßen, sodass ich nicht so schnell gehen kann wie die Gesunden. Ende Mai werde ich bei der Musterung in die Arbeitsgruppe drei eingestuft, das heißt, ich bin weiterhin nur für Lagerarbeiten zu verwenden. Mein großes Glück: Ich bleibe im Lazarett als Sanitäter. Und dort verbessert sich im Laufe der Monate einiges – wenn auch nur sehr langsam. Für die Fieberkurven bekomme ich jetzt kleine Brettl, auf denen muss ich mir die Tage und die Fieberhöhe aufzeichnen. Dazu habe ich einen kleinen Bleistift. Zum Spitzen muss ich mir selber ein Messer besorgen. Am Monatsende muss ich mit einer Glasscherbe das Brett abziehen und wieder neu einteilen für den ganzen Monat. Bei der Visite schreibe ich genau auf, wer Tabletten bekommt und vor allem welche. Manchmal komme ich mir vor wie eine examinierte Krankenschwester – nur in männlicher Ausführung. Der Lazarettleiter ist froh, dass er mich hat, denn jetzt kann er gehen und kommen, wann er will. Im Lazarett läuft alles so, wie er es sich wünscht, darauf kann er sich verlassen. Mit dem Lazarettchef im Rücken kann ich mich wiederum bei den Rumänen, die mittlerweile die Überzahl in den Baracken haben, leichter durchsetzen. Mittlerweile sind nur noch wenige Deutsche im Lazarett. Mir legt aber ohnehin niemand Steine in den Weg, denn ich versuche immer, alle gleich zu behandeln.

Ich muss meinen Fuß noch jeden Tag verbinden und, wenn es möglich ist, ein Kamillenbad nehmen. Nach wie vor ist mein Fuß nicht frei von Eiter, und an den Zehen schaut vom Abschneiden immer noch der Knochen heraus. Der Arzt sorgt dafür, dass ich von der Schusterei weiche Hausschuhe bekomme, damit ich im Lazarett auf dem Lehmboden einigermaßen schmerzfrei herumlaufen kann. Mit meinem dicken Verband könnte ich in keine Schnürschuhe. Da sind die weichen Schuhe wirklich eine Erleichterung. Und die brauche ich die nächsten Tage noch dringender. Denn eines Abends sagt der Arzt zu mir, er wolle meine Wunden richtig saubermachen. Mir schwant Schreckliches, ich weiß aber nur zu gut, dass die Prozedur mein Leben retten kann. Dann geht es los: Zwei Mann halten meinen Fuß und der Arzt macht sich über meine Wunden her. Ich liege auf einer Pritsche und bin der Ohnmacht nahe. Vor lauter Schmerzen ziehe ich den Fuß langsam an. Immer stärker. Dann kommt der Punkt, an dem die Schmerzen unerträglich werden. Mit einem Ruck stoße ich das ganze Bein nach vorne. Da liegen alle drei Helfer auf dem Boden. Sie lassen sich aber von ihrem Werk nicht abbringen. Und ich weiß natürlich: Alles, was der Arzt oder der Sanitäter macht, muss einfach ertragen werden, wenn man gesund werden will – mit oder ohne Betäubungsmittel.

Die Blutvergiftungen vom Kohlenstaub werden jetzt im Sommer immer mehr. Das kommt vom Schwitzen bei der Arbeit und durch die raue Bekleidung. Da wird man leicht wund. Im Winter ist man dicker angezogen, und zum Schwitzen kommt man auch nicht so leicht. In diesen Tagen melden sich immer mehr Rumänen krank und klagen über Magenschmerzen. Sie haben offenbar auf dem Weg zur Arbeit Gras vom Wegrand gegessen, und das Gras war für die Magenschmerzen verantwortlich. Die Lazarette sind überfüllt. Die russische Ärztin und der deutsche Arzt bekommen von der Kommandantur einen Rüffel, weil sich so viele Leute im Lazarett befinden. Von den Ärzten wird deshalb angeordnet, dass jedem, der mit Magenschmerzen kommt, erst einmal der Magen ausgehoben wird. Und das geht so: Der Obersanitäter bringt einen Gummischlauch mit einem Trichter, schiebt den Schlauch durch den Mund in die Speiseröhre bis in den Magen, und ich schütte Wasser rein, bis alles, was im Magen ist, wie von selbst herauskommt. Das ist bei den Rumänen meistens Gras oder Blätter von Pflanzen. Es dauerte nicht lange, da kommt keiner mehr mit Magenschmerzen ins Lazarett.

Meine Aufgaben dort werden immer vielfältiger, und ich stumpfe bei vielen grausigen Dingen einfach ab. Es ist kaum zu glauben, an was sich der Mensch alles gewöhnen kann. Ein Beispiel: Den Lungenkranken, die Wasser in der Lunge oder am Rippenfell haben, wird eine Nadel zwischen die Rippen geschoben. Ich muss ein Gefäß halten, um das sulzige Wasser aufzufangen, das da herauskommt. Oft sind das mehr als zwei Liter. Das Wasserabzapfen muss öfters wiederholt werden, bringt aber wirklich nur kurze Erleichterung für die Kranken, von denen fast alle sterben. Es ist ja keine weitere Hilfe möglich. Die abgezapfte Wassermenge muss ich auf der Fiebertafel eintragen, damit der Arzt den Krankheitsverlauf besser verfolgen kann.

Im Juli 1945 wird der erste Transport nach Deutschland aus allen Lagern zusammengestellt – nur Schwerkranke, die fast alle mit der Trage in die Waggons eingeladen werden. Von diesem Transport werden nur wenige die Heimat lebend wiedersehen. Mitte Oktober bin ich zusammen mit 40 Mann aus meinem Lager an der Reihe. Es soll tatsächlich nach Hause gehen. Vor der Abfahrt geht der russische Lagerkommandant noch durch alle Wagen, um sich nach dem Zustand der Leute zu erkundigen. In jedem Wagen wird gleich nach der Verladung ein Wagenältester bestimmt. Der muss dem Lagerkommandanten (einem russischen Oberst) Meldung machen, ob alles in Ordnung ist. Unser Zug besteht aus 20 Waggons mit je 40 Gefangenen. Der Kommandant geht von Wagen zu Wagen, und an jedem erhält er eine saubere Meldung – nur an einem nicht, was den Oberst so ärgert, dass er die 40 Mann komplett zurück ins Lager bringen lässt. 40 andere Männer dürfen dafür die Heimreise antreten. Wie nahe doch Leben und Tod, Freiheit und Gefangenschaft in diesen Tagen liegen.

Beim Morgengrauen fährt der Zug mit uns 791 Mann ab. Die Wagentüren sind nicht versperrt. An den Bahnhöfen können wir aussteigen, wie wir wollen. Einmal stehen wir vier Tage auf einem Güterbahnhof. Einige Gefangene, die gut laufen können, gehen in die Stadt auf den Basar, handeln, tauschen Kleidungsstücke gegen Lebensmittel. Ein Mann von unserem Waggon tauscht seine Wolldecke gegen Fressalien. Ein paar Tage später hat er eine Lungenentzündung und stirbt. Immer noch sind wir am Ural, und es herrscht wieder tiefster Winter. Bei 15 bis 20 Grad minus überlebt man die Nacht im Waggon nur mit einer Wattejacke oder Decke. Von der Kleidung her gesehen sind wir ganz gut ausgerüstet für die Heimfahrt. Auch das Essen auf dem Transport ist gut und reichlich, sodass es vielen besser geht als im Lager, wo wir obendrein schuften mussten. Nach vier Tagen fährt der Zug wieder los über den Ural. Es geht Richtung Heimat.

In Rosenheim steigen wir in den Zug, der nach Wasserburg fährt. Es ist Sonntag, der 25. November 1945. In meinem Heimatdorf ist Sonntagsgottesdienst, als ich ankomme. Bei uns ist die Mutter alleine daheim und sitzt in ihrem Stuhl in der Stube. Dort erfährt sie von einer Nachbarin von meiner Heimkehr. Unsere Mutter kann schon zwei Jahre nicht mehr gehen, darum kann sie mir auch die Haustüre nicht öffnen. Mein Vater hat an diesem Tag nach der Kirche noch eine Sitzung von einer Genossenschaft. Ich nehme zunächst ein Bad. Als ich damit fertig bin und mich angezogen habe, verbrenne ich gleich meine andere Kleidung – und damit die Läuse. Zum Mittagessen kommt auch der Vater heim, der bereits von meiner Ankunft gehört hat. Am Abend kommen Nachbarsburschen und Mädchen zu uns und üben im Hausgang das Tanzen. Ich schaue zu und denke mir, das werde ich mit meinen ramponierten Füßen wohl nicht mehr lernen. An diesem Abend herrschte eine wunderbare Wiedersehensfreude. Dennoch steckt mir das Lazarett, dieses Schlachthaus am Ural, noch jahrelang in den Knochen.

Im Herbst 1943 hatten meine Eltern an den Hellseher Irlmaier ein Foto von mir geschickt, damit er mit seiner hellseherischen Kraft über meine Zukunft aussagen konnte. Nach einigen Wochen kam dann ein Brief vom Irlmaier, worin geschrieben stand: »Es werden noch zweimal die Blätter von den Bäumen fallen, und dann wird der Hans die Heimat wiedersehen.« Und so ist es wundersamerweise dann auch gekommen. Ich brauchte vier Monate, bis ich mich trotz ständiger ärztlicher Behandlung von allen Strapazen erholt hatte. Ab März habe ich mich langsam eingearbeitet, und ab April machte ich dann den Fuhrknecht wie vor meiner Militärzeit – erst beim Vater und dann bei meinem Bruder Martin. Am 17. Juli 1943 hatte ich bei einem Panzerangriff, der den ganzen Tag dauerte, der Mutter Gottes versprochen, wenn ich einigermaßen gesund heimkomme nach dem Krieg, so gehe ich zu Fuß nach Altötting. Dieses Versprechen habe ich am 14. Mai 1946 eingelöst.

Hunger, nichts als Hunger

Josef Attenberger, Prien
Obergefreiter, Ostfront

Es dürfte wohl eine der schwierigsten Situationen sein, wenn man sich in Sekunden entscheiden muss, ob man sich dem Feind als Gefangener ergeben oder ihm mit der letzten Handgranate als Kämpfer gegenübertreten soll. Für uns ist die Sekunde unserer Gefangennahme umso schwerer, als uns schon so viel darüber erzählt worden ist, wie schlecht die Russen ihre Gefangenen behandeln. In unserem Fall hat uns der Krieg aber die Entscheidung abgenommen. Es bleibt mir und meinen beiden Kameraden, mit denen ich nachts auf Spähtrupp unterwegs bin, um die Lage zu erkunden, gar nichts anderes übrig, als uns den russischen Posten zu ergeben. Sie stehen im Halbdunkel der Mondnacht plötzlich vor uns und richten ihre Maschinenpistolen auf uns. »Stoj! Ruki wwerch!«, zischen sie in die Nacht hinein. Wir wissen, was das bedeutet: »Halt! Hände hoch!« Stumm händigen wir unsere paar Eierhandgranaten aus. Weitere Waffen haben wir nicht mehr. Das ist am 6. August 1944 an der slowakischen Grenze. An diesem Tag beginnt mein Leidensweg als Kriegsgefangener.

Die Russen führen mich und die beiden anderen Soldaten zunächst an der Hauptkampflinie entlang.

Wir denken natürlich sofort ans »Ausrücken«, um die deutsche Linie wieder zu erreichen. Bei der starken Bewachung ist aber ein derartiger Versuch natürlich schon von vorneherein zum Scheitern verurteilt. Man würde uns auf der Stelle erschießen. So folgen wir den russischen Posten, die uns dann nach rückwärts zum Verhör durch einen Offizier einer kleinen russischen Einheit führen. Eine seiner ersten Fragen – nach Nennung unserer Einheit – lautet, ob wir Angehörige der SS seien. Am Ende der kurzen Befragung sage ich auf gut Glück zu einem meiner Bewacher: »Gusched nata« – gebt uns was zu essen. Und wir trauen unseren Augen kaum: Die Posten bringen einen halben Laib Brot und fast ein Pfund Butter. Man kann sich vorstellen, wie wir uns diese ungewohnt fette Brotzeit schmecken lassen.

Da mir die Russen auch meinen Uniformrock abgenommen haben, bin ich am Morgen ganz durchgefroren. Die Nächte des Spätsommers sind schon recht kühl, und wir müssen im Freien schlafen. Gegen 7.30 Uhr holen uns dann zwei berittene Soldaten ab und bringen uns ins Lager Joffi. Dort dient als Gefangenen-Unterkunft ein im Rohbau befindliches größeres Gebäude, das wegen des Krieges nicht mehr fertiggestellt werden konnte. In diesem Haus sind etwa 200 Mann untergebracht. Es ist ganz mit Stacheldraht umgeben und quasi von der Außenwelt völlig abgeschnitten. Wenn auch im Innern des Gebäudes keine russischen Wachen aufgestellt sind, so ist es doch mit so vielen bis an die Zähne bewaffneten Posten umstellt, dass an eine Flucht ernsthaft nicht zu denken ist. Mir kommt jetzt zum ersten Mal zum Bewusstsein, was es bedeutet, Gefangener hinter Stacheldraht zu sein. Es ist ein Gefühl, das einem den Hals zuschnürt und das wohl jeder Häftling empfindet, wenn er zum ersten Mal die Türe seiner Gefängniszelle hinter sich zufallen hört.

Wir Deutschen halten im Lager Joffi und auch später besonders gut zusammen. Das soll, ich habe es mir später oft anhören dürfen, leider nicht in allen Lagern so der Fall gewesen sein. Als besonders treue Kameraden aus Joffi sind mir in bester Erinnerung: Pius Grundner aus Ramsau bei Haag im Altlandkreis Wasserburg und Ludwig Graßl aus einer Mühle bei Ruhmannsfelden im Bayerischen Wald sowie ein Kamerad aus Thalhofen im Allgäu, dessen Name mir leider entfallen ist.

Nach etwa 14 Tagen, also gegen Ende August, teilen uns die Russen mit, dass wir in den nächsten Tagen nach Przemysl marschieren müssten, wobei täglich 20 bis 25 Kilometer zurückzulegen seien. Wir brauchen vier Tagesmärsche und kommen dabei an den Städten Jaroslaw und Radymnow vorbei. In der ganzen Gegend müssen sich heftige Kämpfe abgespielt haben, besonders im Kessel von Jaroslaw. Die meisten Ortschaften und besonders die Städte und Städtchen mit den zusammengeschossenen Häusern und den Brandruinen machen auf uns einen tief deprimierenden und zugleich unvergesslichen Eindruck. Die Zivilbevölkerung der Städte, darunter viele Juden, lässt ihren Rachegefühlen uns gegenüber freien Lauf. Sie beschimpfen uns und werfen Steine auf uns. Natürlich machen sie uns Deutsche für die Zerstörung ihrer Heime verantwortlich.

Eines Tages werden wir mit etwa 2000 weiteren Lagerinsassen in Hundertschaften aufgestellt. Nach Verlesung der Namen marschieren wir zu einem Bahnhof in der Nähe von Lemberg in Polen. Dort müssen wir in einen Güterwagen einsteigen. Diese Waggons bieten keine Sitzgelegenheit. In einem zweiachsigen Wagen müssen 35 Mann, in einem vierachsigen etwa 80 Mann Platz finden. Als alle eingestiegen sind, werden die Wagen geschlossen. Wir können nur durch Ritzen zwischen den Wandbohlen nach außen sehen. Als Eisenbahner kann ich am besten einschätzen, mit welcher Geschwindigkeit wir vorwärts kommen, und zwar aufgrund der Schienenstöße. Ich sage auch immer voraus, dass wir mindestens einen Tag in einem Bahnhof stehen werden, wenn ich erkennen kann, dass unsere Wagen auf ein sogenanntes totes Gleis gestellt werden.

Immer weiter geht es nach Osten. Tagelang durchfahren wir waldreiches Gebiet, links und rechts der Gleise ist nichts als Wald zu erkennen. Da können wir uns den ungeheuren Holzreichtum dieses Landes vorstellen und welche Werte dadurch dem russischen Volk zur Verfügung stehen. Soweit ich durch die Wandritzen Stationsaufschriften erkennen kann, passieren wir die Städte Krasny, Smerinka (das mir durch einen früheren Einsatz bekannt ist), Witebsk, Tscherkassy, Bobrinsk und Konotop. Weil wir während der gesamten Fahrt nur sehr mangelhaft mit Verpflegung versorgt werden, ist auch der Stoffwechsel bei den Leuten entsprechend gering. Wir sind darüber allerdings recht froh, da es in den Wagen keinerlei Gelegenheit gibt, die Notdurft zu verrichten.

Als der Zug in Moskau einfährt, haben wir elf Tage und Nächte in unseren Wagen zugebracht. Leider sehen wir nichts von der Stadt, da wir in einem kleinen, westlich gelegenen Vorortbahnhof anhalten. Bevor wir unser erstes Lager erreichen, kommen wir an einem großen Badehaus vorbei; dorthin werden wir später alle zehn Tage geführt. Dort erhalten wir frische Wäsche, und unsere Kleider werden entseucht, während wir baden. Auch lässt man uns zum Aus- und Ankleiden mehr als genügend Zeit. An diese Wohltat denken wir später oft zurück. Unser erstes Lager ist eine stillgelegte Waffenfabrik an der Moskwa, Unterkunft bietet eine frühere Flugzeugmontagehalle. Zunächst müssen wir aufräumen und etwas Ordnung schaffen, um uns den Aufenthalt einigermaßen erträglich zu gestalten. Wir liegen dort auf dem blanken Fußboden aus Beton, die Schwerkranken und Hilfsbedürftigen erhalten später allerdings eine gesonderte Unterkunft.

Der russische Lagerkommandant, ein Major, ist zu unserem großen Glück sehr menschlich, und so halten sich auch die Bewacher uns gegenüber recht zurück, was Tritte und Schläge anbetrifft. Nach dem Grundsatz »Wie die Verpflegung, so die Bewegung« brauchen wir nicht allzu viel arbeiten. Wir werden anhand unserer erlernten Berufe und unserer Arbeitskraft eingeteilt. So, denken wir alle, können wir die Gefangenschaft durchaus eine Zeit ganz gut aushalten. Wie sehr sich unsere Lage noch verschlechtern soll, ahnen wir an jenen Tagen in Moskau nicht. Und die sind bald vorbei.

Eines Abends geht es für uns per Fußmarsch nach Moskau hinein. Die Häuserfassaden, das blieb mir bis heute in Erinnerung, sind sehr schön. Geschäfte wie bei uns gibt es nur wenige, dafür mehr sogenannte Magazine, also große Kaufhäuser. Einen richtigen Eindruck von der Stadt können wir uns natürlich wegen der kurzen Zeit und weil es auch schon fast dunkel war nicht machen. Vor dem Hauptbahnhof verabschieden sich unser Oberstabsarzt und unsere Ärztin persönlich von jedem Einzelnen mit den herzlichsten Wünschen. Von diesem Zeitpunkt an sind wir ohne ärztliche Versorgung – was nicht besonders lustig ist, weil sich unter uns immer noch Verwundete und Schwerkranke befinden, die kaum marschieren können.

In den späten Abendstunden führen uns die Russen in eine große Halle, in der auf der einen Seite Kaufläden eingebaut sind, also eine Art Markthalle. Streng bewacht müssen wir hier zwei Nächte und einen Tag verbringen. Als Schlafstätte dient der blanke Steinboden. Zwei Kameraden sterben hier in der letzten Nacht an Entkräftung. So ist es für uns eine wahre Erlösung, als uns endlich mitgeteilt wird, dass wir in einen geheizten Schnellzugwagen einsteigen dürfen. Der Zug setzt sich auch bald in Bewegung. Unser Oberstabsarzt hatte uns in den Tagen zuvor gesagt, man wolle uns nach Ovipinsk, südlich von Woronesch und etwa 800 Kilometer entfernt von Moskau bringen. Doch das war wohl eine klassische Fehlinformation, wie sie der Russe gerne streut, um uns Gefangene nicht unnötig nervös zu machen. In Wirklichkeit beginnt damit unsere endlose Leidenszeit. Während der Fahrt merken wir dann auch bald, dass es nicht nach Süden, sondern nach Osten geht. Die Fahrtrichtung war schon im Bahnhof Moskau geändert worden. Wir ahnen natürlich nicht, was diese Änderung bedeutet.

Zwei Tage rattern die Räder unseres Zuges gen Osten. Dann kommen wir nachmittags an unserem Ziel, der Schnellzugstation Kasanowska, an. Hier werden wir die nächsten Monate verbringen. In der Nähe des Bahnhofs ist nur eine kleine Siedlung mit einigen Magazinen und einer Bäckerei zu erkennen. Inzwischen sind außer meinem Kameraden Sigl noch viele andere an der sogenannten Wassersucht gestorben. Die Leichen werden in eine Baracke geschafft und dort von Sanitätern unter der Leitung einer Oberärztin seziert, um die Todesursache festzustellen. Das wäre unserer Ansicht nach nicht notwendig, denn es ist immer das Gleiche, an dem in diesen Tagen gestorben wird: an Unterernährung. Die Kameraden um mich herum verhungern, jeden Tag ein halbes Dutzend.

Haben die Leichen in der Baracke keinen Platz mehr, so wird wahllos ein Kommando unter den Gefangenen zusammengestellt, das die leblosen, zerschundenen, dürren Körper aus dem von uns Schlachthaus genannten Gebäude wegzuschaffen hat. Je vier Mann packen dann einen Toten an Händen und Füßen und werfen ihn in eine auf einem pferdebespannten Wagen stehende Holztruhe. Es kostet schon einigermaßen Überwindung, die mit Blut befleckten nackten Körper, aus denen vielfach die Gedärme heraushängen, so zu transportieren. Manchen vergeht trotz größten Hungers der Appetit für mehrere Tage. Die Leichen werden dann außerhalb der Ortschaft auf einen Friedhof gefahren. Dort wird der Kasten in eine von acht Mann geschaufelte, zwei Meter tiefe Grube gekippt. Dabei verwickeln sich die einzelnen Gliedmaßen und Gedärme. Ich habe alles selbst gesehen und mitgemacht. Noch heute bekomme ich eine Gänsehaut, wenn ich an das Begräbnis auf diesem Friedhof in Russland denke. Geistlichen Beistand gibt es im Lager nicht. Schwerkranke und Sterbende warten vergeblich auf den kirchlichen Segen. Es kräht auch kein Hahn danach. Den Russen ist es völlig egal, wie viele von uns jeden Tag krepieren. Ist es soweit, dass einer im Sterben liegt, so geht der Betreffende einfach über den Jordan, ohne dass sich jemand darum schert – schon gar nicht unsere Bewacher. Es ist kaum zu glauben, wie sehr der Mensch doch abstumpfen kann.

Das Essen ändert sich weder im Frühjahr noch im Sommer. In der Hauptsache bleibt uns eben die »Wolgasuppe« – ein bisschen Fisch mit sehr viel Wasser. Das Fieber wird bei den Kranken täglich, das Gewicht alle zehn Tage gemessen. Bei mir zeigt das Thermometer nie unter 37 Grad. Ich habe also ständig Fieber. Mein Gewicht beträgt 42,8 bis 44 Kilogramm; für meine Größe von 1,63 Meter ist das viel zu wenig. Doch es geht auch noch tiefer. Am Ende meiner Gefangenschaft wiege ich nur noch 40,3 Kilo. Wir verhungern allesamt langsam vor uns hin. Erst nach der Kapitulation der Wehrmacht am 8. Mai 1945 wird die Verpflegung etwas besser. Fortwährende Beschwerden, unser miserables schlechtes Aussehen und die hohe Sterblichkeitsrate veranlassen unsere Bewacher, etwas mehr auf die leeren Teller zu packen. Hungern müssen wir trotzdem.

So kommt der Sommer 1945 – ohne dass auch nur ein einziger Transport nach Deutschland abgefertigt worden wäre. Mitte Juni, ich wiege noch etwas mehr als 40 Kilo und habe schon alle Hoffnung sinken lassen, elektrisiert uns eine Meldung: Der erste Transport deutscher Gefangener von Kasanowska aus soll abgefertigt werden. Fahrtrichtung: Deutschland. Doch wie groß ist meine Enttäuschung: Obwohl ich auf der Liste für den ersten Transport stehe, werde ich nicht mitgenommen und muss weiter warten. Meine Kameraden hänseln mich deswegen, mir ist sterbenselend. Es dauert dann endlos lange Wochen, bis ein weiterer Transport abgehen soll. Sowohl an der Wolga wie auch von den beim Ausladen in Kasanowska beschäftigten Kameraden erfahren wir, dass auch alle Kranken, nicht nur die deutschen Gefangenen, in die Heimat dürfen. Wir sind darüber sehr erfreut, zumal uns das auch von den aus Sibirien heimkehrenden deutschen Soldaten bestätigt wird. Die Transporte aus Sibirien vom Lager Kasandjan werden nämlich über unsere Anschluss-Station Kasandsakis geleitet. Die Hoffnung auf baldige Heimkehr verbessert auch unsere Stimmung, die durch das lange Warten ziemlich schlecht geworden ist. Zudem verlieren wir täglich acht bis 15 Mann, die zum berüchtigten Schlachthaus gebracht werden. Wird einer unserer Kameraden schwer krank, versuchen wir seine Stimmung ein bisschen zu verbessern und besuchen ihn täglich. Das wirkt oft Wunder. Ich selbst verliere die Hoffnung nie ganz, wenn es mir auch manchmal recht schlecht geht.

Obwohl wir abgemagerte Bohnenstangen sind, müssen wir dennoch täglich zur Arbeit antreten. Bei den Arbeiten an der Wolga sind polnische Brigadiere, Staschi genannt, zur Aufsicht abkommandiert. Da müssen wir manche Stöße und Schläge aushalten. Die Polen sind nicht zimperlich und schrecken auch nicht davor zurück, einen Gefangenen totzuprügeln. Anfang September sehen wir den Oberleutnant der Russen wieder, der den ersten Transport nach Deutschland begleitet hat. Er erzählt uns von seiner Reise, und von Deutschland ist er ziemlich begeistert. Für ihn kaum fassbar: Dort gebe es Häuser, wo das Wasser aus der Wand herausläuft und das Licht an der Decke ohne Weiteres brennt. So müsse es auch in Russland überall werden, meint er.

Es wird Herbst. Unser Heimweh wächst ins Unermessliche. Der Wunsch, endlich wieder nach Hause zu kommen, wird immer drängender, weil wir bei der ständigen Gewichtsabnahme befürchten müssen, ein noch längeres Warten nicht zu überstehen. Doch es dauert weitere zwei Monate, bis endlich die Liste für den nächsten Transport herausgegeben wird. Gott sei Dank, ich stehe auch drauf. Wir warten täglich auf Abruf, doch es vergeht Tag um Tag. Endlich, am 24. Oktober abends, heißt es: Sofort Sachen packen und ab in die Schusterwerkstätte. Wir werden sorgfältig durchsucht auf Streichhölzer und Gegenstände wie Messer und dergleichen. Ich habe mein Messer in den Gürtel eingenäht, die Russen finden es nicht. Allerdings habe ich einen Bleistift in meiner Jackentasche vergessen. Unter Verabreichung einiger Ohrfeigen nehmen mir die Russen diesen »wertvollen und gefährlichen« Gegenstand ab. Dennoch habe ich Glück: Mein Name wird nicht von der Transportliste gestrichen. Anderen geht es da nicht so gut, sie werden vom Transport zurückgestellt, weil man irgendetwas in ihren Taschen gefunden hat. Eingekleidet werde ich mit völlig desolaten Schuhen, einem alten, geflickten deutschen Wehrmachtshelm, einer alten Unterhose, einer vollständig zerrissenen russischen Hose, die ich unten mit einer Schnur zusammenbinden muss, und einem alten ungarischen Uniformrock. Gut schaut er aus, der Josef, kaum zu erkennen, denke ich über mich selbst. Aber auch meine Kameraden sind recht fesch beieinander. Macht nix, Hauptsache, es geht in die Heimat. Wir jubilieren, wenn auch nur innerlich.

Nachts marschieren wir zum Bahnhof Kasandsakis, bei einer Temperatur von ungefähr minus 20 Grad. Obwohl wir keine Handschuhe haben, frieren wir nicht so sehr, da wir vom Winter her ganz andere Temperaturen gewohnt sind. Trotzdem ist uns hundeelend, bis wir den Bahnhof erreichen, und es ist ein Wunder, dass von uns 60 Mann nicht die Hälfte unterwegs liegenbleibt. Bei einem Soldaten aus dem vordersten Glied ist das allerdings der Fall. Er kann nicht mehr, und seine Kameraden lassen ihn einfach am Straßenrand liegen. Da packt mich ein Mitgefühl, das noch stärker ist als mein Hunger. Zusammen mit einem gewissen Eltracher aus Bokelberg bei Kempten, den ich später nie mehr gesehen habe, und mit einem Dänen namens Jansen nehme ich mich seiner an. Wir schleppen ihn zum Bahnhof mit. Eine ganze Menge Wut hilft uns dabei: Hier soll keiner mehr von uns verrecken.

Vier Posten erwarten uns am Bahnhof zur Begleitung, wo ein aus Sibirien angekommener Zug mit Gefangenen bereitsteht – alles Güterwagen. Keiner ist für uns bestimmt. Wir müssen uns verteilen, den hilflosen Kameraden stopfen wir in irgendeinen Wagen. Eine Lokomotive, die das Nachbargleis befährt, überrollt uns dabei beinahe. In unseren überfüllten Wagen fahren wir am 25. Oktober 1945 morgens in Kasanowska bei einer Temperatur von minus 35 Grad Celsius ab. Glücklicherweise haben wir in unserem Waggon einen kleinen Ofen. Das dazugehörige Heizmaterial müssen wir uns allerdings immer selbst organisieren, das gibt natürlich Anlass zu Auseinandersetzungen mit den eigenen Landsleuten, besonders aber mit den Posten, die uns das ergatterte Holz wieder abnehmen. Verpflegung für die Reise haben die Russen wohl für uns mitgenommen, es ist aber mengen- wie auch qualitätsmäßig mehr als ungenügend. Die Krankheiten, besonders Dystrophie und Ruhr, nehmen unterwegs immer mehr zu. Infolge der fehlenden Sanitäreinrichtungen müssen wir an allen Haltestationen die Wagen verlassen, um auszutreten. Meist gehen nur noch Blut, Schleim und Wasser ab, so stark ist der nunmehr mehrere Wochen andauernde Durchfall. Manche verstärken ihre Erkrankung dadurch, dass sie immer wieder schmutziges Wasser trinken. Obwohl wir darauf aufmerksam gemacht wurden, kein ungekochtes Wasser zu trinken, glauben einige, ihren Durst nicht überwinden zu können. Sie müssen vielfach büßen. Ich verzichte deshalb auf jeden Tropfen ungekochtes Wasser.

Auf der Fahrt sterben täglich vier bis fünf Kameraden. Auch in unserem Wagen liegt eines Tages ein Kamerad tot neben mir. Er ist aus dem Landkreis Rosenheim, an seinen Namen erinnere ich mich leider nicht mehr. Er wird in Smolensk ausgeladen. Wo und wie diese Kameraden beerdigt werden, erfahren wir nie. In solchen Fällen haben wir dann einen längeren Aufenthalt in den Städten, unser Zug wird deshalb auf einem Seitengleis abgestellt. Wir benutzen diese Gelegenheit, um in die Städte zu gehen, und mit Tauschgegenständen versuchten wir in den Basaren und Geschäften Lebensmittel zu ergattern. Es sind uns Gerüchte zugekommen, dass das Geld in Deutschland vollkommen wertlos geworden sei. Gestärkt werden diese Gerüchte, als wir in Pensa – von 1945 bis 1947 bestanden in der Stadt die Kriegsgefangenenlager Nummer 161 und 399 – erfahren, dass daheim die blanke Anarchie herrsche. Von einer Währung sei überhaupt nicht mehr die Rede. Tatsächlich liegen auf den Straßen Pensas ganze Bündel deutscher Geldscheine teilweise zerrissen und verklebt herum. Keine Ahnung, wie die dort hingekommen sind. Ich sammle etwa 400 Reichsmark auf und frage mich, ob dieses Geld mit den schönen Zeichnungen tatsächlich ganz wertlos sein soll. Ich bereue es später nicht, mich nach den Scheinen gebückt zu haben, da ich zu Hause den vollen Wert dafür erhalte.

Unsere Güterwagen auf Breitspur sollen bei der ersten Umsatzstation gegen Personenwagen auf Normalspur ausgetauscht werden. Wir freuen uns schon darauf, doch wir werden wieder einmal enttäuscht – am Ende rücken wir wieder in Güterwagen ein. Wir wissen natürlich nicht, dass es nach dem Krieg in Deutschland kaum noch Personenwagen gibt. Fast alle sind durch Beschuss oder Bombenangriffe zerstört worden. Egal. Auch die Güterwagen sind für die Heimreise jetzt gut genug. In Lublin steigt unsere Stimmung nochmals an. Deutsche Eisenbahner und ein deutscher Lokführer übernehmen unseren Zug. Ist das eine Freude! Jetzt sind wir sicher, dass wir bald nach Hause kommen werden.

Unser Zug erreicht Polen. Auch hier wollen wir wie in Russland Städte, an denen unser Zug hält, unter die Lupe nehmen. Einen ersten Versuch in Litzmannstadt müssen wir teuer bezahlen. Kaum haben wir die Innenstadt erreicht, pfeifen uns schon Kugeln um die Ohren. Wir Deutschen werden in eine Straße gedrängt und Richtung Bahnhof gehetzt. Einige Kameraden erleiden Verletzungen, weil die Polen wie verrückt auf uns schießen. Die nehmen uns natürlich unsere lange Besatzungszeit sehr übel. Vom Besuch weiterer polnischer Orte sehen wir daher gerne ab. Nach ungefähr vierwöchiger Fahrt landen wir am 25. November 1945 in Frankfurt an der Oder, wo wir den Zug verlassen müssen. Der Zug wird hier aufgelöst. Der größte Teil der Kameraden hat solchen Durchfall, dass es die Männer keine fünf Minuten aushalten können. Wir sind recht froh, dass wir im Lager in Frankfurt entlaust werden, baden und unsere Wäsche wechseln können. Ein großer Teil dieser sogenannten Wäsche muss wegen der Verlausung sofort vernichtet werden.

Mit einigen Kameraden fahre ich zunächst nach Berlin und dann mit dem Schnellzug über Saalfeld nach Probstzella. Bei Ludwigsstadt steht ein Schlagbaum, der von amerikanischen Soldaten kontrolliert wird. Erst nach Prüfung der Papiere wird der Eintritt in die amerikanische Zone gestattet. Meine russischen Entlassungspapiere weisen die Amis gelassen zurück: »Nix gut, zurück«, heißt es. Ich versuche es noch bei anderen Posten und flehe, mich doch endlich heimkehren zu lassen. Doch es ist nichts zu machen. So verzichte ich auf eine offizielle »Einreise« in meine Heimat und suche mir einen Schleichweg. Der Weg führt mich über drei Kilometer Niemandsland bei Ludwigsstadt ungefährdet in meine bayerische Heimat.

In Fürth erreiche ich schließlich einen Schnellzug, der mich am 26. November nach München und anschließend nach Rosenheim bringt. Zu Hause angekommen, erkennen mich die Verwandten kaum. Es dauert eine Zeit, bis ich wieder der Alte bin. Irgendwann nannte man mich nur noch den »Russen-Josef«, was ich bis heute als nicht besonders lustig empfinde. Denn eines steht fest: Von Russland habe ich für mein Leben lang die Schnauze voll.

Gestorben wird erst morgen

Josef Mayer, Rimsting
Soldat an der Ostfront

Fern der Heimat, den Krieg überlebt und doch alles verloren – wenn ich an die letzten Kriegstage denke und an die darauffolgende Gefangenschaft, werden in mir nichts als düstere Erinnerungen wach, die mich mein Leben lang nicht losgelassen haben.

Nach jahrelangem Einsatz an der Ostfront in verschiedenen Einheiten, die ich alle schon gar nicht mehr aufzählen kann, hat mich die Front in den letzten Tagen des Krieges an die Frische Nehrung bei Königsberg gespült, hier, wo Abertausende an Flüchtlingen und Soldaten abgekämpfter und versprengter Wehrmachtseinheiten auf engstem Raum in einem Kessel von der Roten Armee zusammengedrängt sind. Noch einmal werden wir ein paar Tage, ein paar Stunden harten Abwehrkampf leisten müssen. Der Russe merkt, dass Königsberg der Schlüssel zur Ostsee ist, und wir wissen, dass wir noch in letzter Sekunde durch unser hinhaltendes Kämpfen Tausenden die Flucht über eben jenes Meer ermöglichen können, ermöglichen müssen. Und das kostet uns und unseren Gegner noch einen letzten hohen Blutzoll. Quasi in letzter Sekunde sterben in dem blutigen Ringen um den Kessel Königsberg Hunderte Soldaten auf beiden Seiten. Ich selbst werde am zweiten Tag der Abwehrschlacht an der Hand verwundet, überlege kurz, ob ich die Frontlinie verlassen soll, um mich auf die Suche nach einem Lazarett zu machen. Doch dann erhalte ich beim Tross die Nachricht, dass unsere Kompanie am nächsten Tag eingeschifft werde soll. Weg also von der Ostfront, raus aus dem Kessel von Königsberg, hinaus nach Westen. Das könnte die Rettung sein. Das muss sie sein. Ich werde also jetzt einen Teufel tun und meine Kompanie verlassen. Auf die Zähne beißen und den Kratzer an der Hand aushalten ist die Devise.

Doch die Hoffnung, nicht der Roten Armee in die Hände zu fallen, ist so schnell dahin, wie sie gekommen ist. Am Nachmittag des 8. Mai kommt die Nachricht: »Um Mitternacht ist Waffenstillstand. Der Krieg ist zu Ende.« Jetzt gibt es nur noch eine Rettung, nur mehr einen Weg raus aus Königsberg – über die Ostsee. So schnell ich kann renne ich zum Hafen, um noch ein Schiff zu erreichen. Doch das letzte hat vor einer Stunde abgelegt. Meine Hoffnung, aus dem Kessel noch herauszukommen, ist damit gestorben. Resignation macht sich breit. Und das nicht nur bei mir. Ganz Königsberg versinkt in einer Art Apathie, gepaart mit Todesangst. Wie werden die Sieger mit den Besiegten umgehen? Ich sehe einige meiner Kameraden, die diese Frage nicht mehr beantwortet wissen wollen. Ihr Lebenswille ist am Ende. Die letzte Kugel haben sie für sich selbst aufgespart. Für uns andere, den Rest, der nun noch übrig ist, ist es dann soweit: Gefangenschaft. Am Morgen des 9. Mai sammeln die Russen auf, was noch gehen kann. Wir formieren uns zu langen Gefangenenkolonnen, zehn Mann breit, und marschieren in geschlossenen Verbänden Richtung Osten. Marschieren? Wir schleichen, stolpern wie geprügelte Hunde. Und als ob unser Elend nicht reichen würde, sehen wir jetzt beim Durchmarsch durch kleinere und größere Orte, was ein verlorener Krieg eigentlich bedeutet. Ist auf dem Land alles verwaist, so befinden sich gerade in den Städten und größeren Orten noch viele Zivilisten. Frauen werden unter Bewachung buchstäblich dazu geprügelt, Straßenbahnschienen auszubessern. Sie sind schrecklichen Schikanen ausgesetzt. Bei Tag müssen sie schwerste ungewohnte Arbeit verrichten, bei Nacht droht ihnen zu jeder Minute die Vergewaltigung.

Eine erste größere Aktion der Russen, die wir über uns ergehen lassen müssen, wird mir für immer in Erinnerung bleiben, weil sie ein Stück von mir auslöscht. An einem Passierpunkt müssen wir alles abgeben bis auf unsere Löffel aus billiger Aluminiumlegierung mit dem eingestanzten Reichsadler und dem Hakenkreuz drauf. Auch das Essgeschirr lassen uns die Sieger. Es wird monatelang nutzlos sein, weil man uns langsam verhungern lässt. Dass unsere Bewacher sofort alle Soldbücher, Fotos und persönlichen Briefe verbrennen, uns die Erkennungsmarken abnehmen und sie wie wertloses Blech auf einen Haufen werfen, trifft uns aber bis ins Mark. Jetzt sind wir namenlos und ohne jede Identität. Uns ist zum Heulen. Und doch ist es nur der Anfang unseres ganzen Elends. Das beginnt mit einer großen Wanderschaft, bei der wir zunächst scheinbar noch vom Glück begünstigt sind. Während tausend andere in diesen Tagen nach Osten marschieren müssen und nie mehr wiedergesehen werden, werde ich mit rund 100 Mann in eine kleine Ortschaft außerhalb von Königsberg verlegt. Dort müssen wir Aufräumungsarbeiten entlang der Straßen übernehmen. Zugeteilt und bewacht werden wir von einem Pionierbataillon der Roten Armee, durchweg ältere Jahrgänge. Sie behandeln uns korrekt und anständig und verteidigen uns sogar gegen Übergriffe vorbeiziehender anderer Truppenteile. Wochenlang haben wir Glück und genießen den Schutz dieser sowjetischen Pioniere, für die wir gute Hilfskräfte werden. Wir werden einigermaßen verpflegt und denken schon an die Heimkehr, als ein neues Kommando kommt. Anfang Juni ist Schluss mit Pionierarbeit – Abtransport nach Russland. Der Traum von einer baldigen Entlassung ist ausgeträumt. Man verlädt uns in große Viehwaggons, die so vollgepfercht werden, dass ein Liegen nicht möglich ist. Die Waggons sind beinahe hermetisch verschlossen, und man kann sich die Luft in den Wagen vorstellen, nachdem den ganzen Tag die Sonne darauf niedergebrannt hat. Für die Notdurft gibt es zum Glück in der Mitte des Waggons ein kleines Loch. Die Hitze im Innern des Wagens aber ist fürchterlich, und noch schlimmer ist der Durst, der einem die Kehle förmlich zerschneidet. Einmal dürfen wir die Waggons verlassen, sind zunächst erleichtert, endlich frische Luft zu ergattern. Dann sehen wir aber, dass die Wiese, auf die man uns treibt, von schwer bewaffneten Soldaten umstellt ist. Sie halten auf uns an, und eine schreckliche Ahnung steigt in uns hoch. Es sieht so aus, als wäre dies unser aller Ende. Wie groß ist dann aber unsere Erleichterung, als wir zurück in die stickigen Waggons geschickt werden. Geschunden sein ist besser als tot, denke ich.

Nach vier Tagen Fahrt kommen wir in Wyschni Wolotschok an. Diese Stadt liegt zirka 250 Kilometer nordwestlich von Moskau an der Rollbahn nach Leningrad, dem heutigen St. Petersburg. Wir kommen in ein größeres Lager, das offenbar schon längere Zeit besteht. Allesamt sind wir mittlerweile in einem schlechten körperlichen Zustand. Und die Baracken, die man uns jetzt zuweist, lassen nicht darauf schließen, dass das besser werden soll. Es ist kaum zu glauben, aber die Liegeflächen, die man uns quasi als großes Massenbett anbietet, bestehen aus buckligen Birkenknüppeln. Wir können uns daran nur schwer gewöhnen. Die tägliche Arbeitszeit geht von montags bis samstags täglich von sieben Uhr bis 17 Uhr. Für die oft umständlichen und sinnlosen Appelle und Zählungen sowie für den Weg zur Arbeit müssen wir morgens und abends noch eine Stunde hinzurechnen. Während der ersten Tage helfen wir bei einem großen Kanalbau mit. Der Einschnitt ins Gelände ist zirka 20 Meter tief. Die Schubkarren, gefüllt mit Erde, werden zu einem Schrägaufzug gebracht und über eine Holzwinde, die von zwei Mann betrieben wird, nach oben gezogen. Von dort wird der Aushub auf das umliegende Gelände verteilt. Die alten Ägypter werden wohl auch so gearbeitet haben, denke ich bei mir. Oben sitzt derweil ein Russe und führt eine Strichliste. So wird jeder Karren gezählt – und das ist das Schlimme daran, denn wer sein Tagessoll nicht erfüllt, bekommt nichts zu essen. Im Spätsommer 1945 kommen wir mit 300 Mann in eine ausgediente Fabrikhalle. Wir werden einem

Pionierbataillon zugeteilt, mit einem Major als Kommandeur und jeder Menge Offizieren. Ihre einzige Aufgabe: die Abnahme des abendlichen Zählappells und die Kontrolle unserer Arbeitsleistung. Unsere Aufgabe: den riesigen Damm eines gewaltigen Stausees aufschütten. Bis September 1947 sind wir mit dieser Baustelle beschäftigt.

September 1947. Es ist kaum zu fassen. Über zwei Jahre nach Kriegsende, und wir sind noch nicht zu Hause. Unser Heimweh ist mittlerweile kaum zu ertragen. Das geht allen der 300 Männern so, die mit mir in einem großen Saal untergebracht sind. Wir liegen auf Doppelpritschen übereinander auf Brettern, haben keine Unterlage und keine Decke. Immerhin sind die Bretter jetzt ein wenig glatter als die runden Birkenstämme. Unser größter Luxus ist ein selbstgebauter Ofen mit Rohr zum Fenster hinaus. Offiziell gibt es für den Ofen natürlich kein Holz. So muss das eine oder andere brennbare Teil herhalten, das, unter unserer Kleidung versteckt, die Wanderung von der Baustelle zu unserer Baracke antritt. Doch das klappt nicht immer. Üble Strafen stehen uns dann ins Haus, vielmehr in die Baracke. Tritte und Schläge sind das Wenigste, am Schlimmsten ist für uns, wenn wir nichts mehr oder nur wenig zu essen bekommen.

Bei Wintereinbruch erhalten wir abgetragene Wattebekleidung und Filzstiefel. Wenn es einen bei Nacht besonders friert, gibt es eine genaue Regelung: Man stellt sich in einer langen Reihe an, die sich vor dem Öfchen bildet. Dann wartet man, bis man dran ist, sich die Hände über dem Feuer zu wärmen. Nach dem Aufwärmen legt man sich wieder auf die Pritsche zum

Schlafen, so gut das eben geht. Kälte und Schlaf gehen nicht gut zusammen. Man versucht die Stellen, mit denen der Körper das kalte Bettgestell aus Holz berührt, zu dosieren, die Fläche möglichst klein zu halten. Das gelingt, solange man noch ein Auge offen halten kann. Schläft man ein, sackt der Körper zusammen und man ist einer viel größeren kalten Fläche ausgeliefert. Ich habe gestandene bayerische Männer vor Kälte heulen sehen.

Auch mit der ärztlichen Betreuung ist es in dem Lager schlecht bestellt: Mit fortschreitendem Winter haben wir die ersten Toten zu beklagen. Jeden Monat müssen wir nackt vor einer Kommission erscheinen, der auch eine Ärztin angehört. Dies dient nicht unserer Gesundheit, sondern der Einteilung in Arbeitsgruppen. Solange sich am Gesäß noch ein Rest Muskelfleisch zeigt, werden wir zur vollen Arbeit eingeteilt. Erniedrigend für uns sind die Bemerkungen, die über unsere Elendsgestalten gemacht werden. Bis dahin habe ich mich ganz gut gehalten, doch dann geschieht beim Entladen einer Lore ein Unfall: Durch das Abrutschen eines gefrorenen Erdbrockens lande ich im eiskalten Wasser des Stausees. Die nassen Kleider gefrieren mir in Sekundenschnelle am Körper. Zum Glück ist uns der Postenführer, der auch etwas Deutsch kann, an diesem Tag gut gesonnen. Andernfalls hätte der Unfall auch meinen Tod bedeuten können. Ich darf im Postenhaus am Ofen meine Kleider trocknen, und mittags lässt man mich mit dem Essensfahrzeug zurück ins Lager fahren. Einige Wochen vorher ist einem Gefangenen das Gleiche wie mir passiert. Der hat es nicht überlebt.

Öfter müssen wir jetzt auch Arbeiten außer der Reihe leisten – Schwarzarbeiten für die russische Lagerleitung, etwa bei Nacht am Bahnhof Waggons mit Holz beladen. Es dauert immer endlos lange, bis die Wagen endlich voll sind und wir uns für ein paar Stunden zum Schlafen legen dürfen. Ein Mitgefangener flüchtet bei einer solchen Nacht- und Nebelaktion und wird prompt erwischt. Beim abendlichen Zählappell am Postenhaus schlagen ihn die Soldaten brutal zusammen. Blutüberströmt führen ihn die Russen zur Abschreckung uns anderen vor. Er stirbt am nächsten Tag, wohl an inneren Verletzungen durch die Schläge und Tritte.

Unser Lager hat in diesen Tagen so manchen Mangel. Die offene Latrine liegt etwa 120 Meter von der Unterkunft entfernt. Durch den körperlichen Niedergang haben viele von uns eine Blasenschwäche, sodass der Mittelteil der Hose buchstäblich herausfault. Eine Besserung bringt erst das Aufstellen eines Fasses in der Unterkunft, das bei Nacht benutzt werden kann. Der Inhalt wird regelmäßig mit einem Eimer zur Latrine getragen.

Eine tägliche Körperpflege gibt es natürlich nicht. Wir haben keine Seife, keine Zahnbürste und auch kein Handtuch. Alle 14 Tage werden unsere Kleider durch Erhitzen entlaust, dabei können wir uns mit einer Eimerbrause waschen. Manchmal liegt auch eine Seife auf. Bei dem Gedränge komme ich an einem der Waschtage aus Versehen mit dem Rücken an ein glühendes Ofenrohr. Die Brandnarbe ist heute noch sichtbar. Frische Unterwäsche gibt es nie, statt Socken manchmal alte Lappen. Unser Zustand wird dadurch natürlich nicht besser. Die Todesfälle nehmen ständig zu, und man hat echte Angst um sein eigenes Leben. Wie lange, so die tägliche Frage, werde ich die Strapazen wohl noch ertragen? Im Winter ist die Sterblichkeit so hoch, dass die nackten Leichen hinter einer Wand in unserer Baracke abgelegt und dort zunächst gesammelt werden. Wenn die Ladung groß genug für einen Pferdeschlitten ist, geht es mit dem Sammeltransport zum Friedhof. Wir leben praktisch in einem Leichenhaus. Und keiner weiß, wer als Nächster hinter der Wand zum Liegen kommt. Draußen zieht der russische Winter unbarmherzig übers Land. Der gefrorene Boden macht unserem Begräbniskommando oft große Schwierigkeiten. Die Arbeit muss ja in einem Tag erledigt werden.

Anfang September 1947 geht der einzige Bagger in unserer Baustelle kaputt. Ab sofort müssen wir die Loren mit der Hand beladen. Für diese Arbeit gibt es eine Norm, auf deren genauen Erfüllung unser gehässiger Postenführer besteht. Es rührt ihn auch nicht, als der Erste bei der Arbeit stirbt. Am Abend tragen wir drei Kameraden mit zurück ins Lager, die sich zu Tode geschuftet haben. Im September gibt es insgesamt 16 Todesfälle. Das Sterben geht bei uns jetzt sehr schnell. Ein geringer Durchfall reicht schon aus. Der geschwächte Köper hat selbst kleinsten Blessuren nichts mehr entgegenzusetzen. Unser Lagerkommandant, ein ehemaliger Partisan, und der Politkommissar reden, während wir langsam krepieren, immer noch von Wiedergutmachung, zu der wir verpflichtet seien. Dies ist vor allem bei den sonntäglichen Belehrungen der Fall. Unser Major und Lagerführer ist ein echter

Deutschenhasser. Wir haben alle den Eindruck, er will möglichst alle von uns unter die Erde bringen. Beinahe gelingt ihm dies auch. Mit 300 Mann sind wir zu seinem Bataillon gekommen, nach zwei Jahren sind wir noch 120. Ich frage mich, was man diesem Menschen und seiner Familie angetan haben muss, damit sich bei ihm solcher Hass entwickeln konnte. Für mich selber entscheide ich jeden Tag aufs Neue: Gestorben, das wird erst morgen. Und das hält mich unwahrscheinlich lange am Leben.

Monate ziehen ins Land, und von unserem Haufen sind nun nur noch 90 nicht unter der Erde. Da kommt eines Morgens die große Überraschung. Wir gehen nicht mehr zur Arbeit. Im Lager ist großes Reinemachen angesagt. Schuhe und Kleidung, soweit sie ganz verschlissen sind, werden ausgewechselt. Gerüchteweise erfahren wir, dass eine Kommission aus Moskau kommt. Und so ist es dann auch. Unsere Zeit in Wyschni Wolotschok neigt sich dem Ende entgegen. Wir kehren dem Todeslager den Rücken, fahren mit dem Zug nach Moskau und landen dort in einem Gefangenenlager, das zuvor mit Ungarn belegt war. Das Lager ist ordentlich geführt und die Verpflegung etwas besser. Der Hunger aber bleibt unser ständiger Begleiter. Doch das Wichtigste für uns ist: Wir werden wieder wie Menschen behandelt. Die ärztlichen Untersuchungen in den ersten Tagen bringen ein erschreckendes Ergebnis. Die meisten von uns sind nur mehr halbtags arbeitsfähig, und ein Teil wird als arbeitsunfähig eingestuft.

Von der Stadt Moskau sehen wir in dieser Zeit nicht viel, weil die Fahrt zur Arbeit auf Lastwagen mit geschlossener Plane erfolgt. Nach einem Monat verlassen wir das Ungarnlager wieder. Es folgen einige deutsche Lager, die alle deutlich besser sind als unser altes Todeslager. Todesfälle sind mir in Moskau nur wenige bekannt. Einer stirbt uns noch durch Fleckfieber. Ich arbeite jetzt in Moskau in einer Autowerkstätte, wo deutsche Wagen generalüberholt werden. Dann kommen verschiedene Bauarbeiten, Siedlungsbau, ein Hotelbau und der Bau eines Lagers hinzu. Zeitweise bin ich auch für die Ordnung im Lager zuständig. In und um Moskau gibt es unwahrscheinlich viele russische Strafgefangene. Die werden oft weit strenger bewacht und haben noch weniger als wir. Bei uns gibt es jetzt sogar schon Zigaretten. Wir erhalten sie in wöchentlichen Zuteilungen in Form von grobem Tabak, in Russland nennt man ihn Mahorka. Der wird in Zeitungspapier zu Zigaretten gewickelt. Zwei Jahre lang tausche ich meinen Tabak für Brot ein. Als aber dann die Entlassungen bei den körperlich Schlechteren beginnen, rauche ich meine Zuteilung endlich selbst. Zum Anzünden haben wir einen Stein, ein Stück Feile und eine Lunte.

Anfang April 1948 wird endlich wieder eine Gruppe zur Entlassung ausgesucht. Letztlich verzählen sich unsere Bewacher aber so oft, dass irgendwie immer ein Mann zu viel auf der Liste zu finden ist. Wir müssen immer wieder zur Untersuchung antreten, werden neu eingeordnet, und die Spannung steigt bei uns ins Unermessliche. Einer von denen, die letztlich gestrichen werden – bin ich. Eine der schlimmsten Enttäuschungen in meinem ganzen Leben! Von diesem Zeitpunkt an lasse ich alle Hoffnung sinken und schreibe auch nicht mehr nach Hause. Meine Moral ist am Ende. Und es kommt noch schlimmer. Von unserem Lager gehen laufend Transporte ab. Nicht nach Deutschland, sondern zu Arbeitslagern in Sibirien. Da ist man beim geringsten Fehler schnell dabei. Wie ich später erfahre, kommen die letzten Kameraden erst 1959 nach Hause.

Anfang Mai werden wieder Gefangene zur Entlassung ausgesucht. Ich bin dabei und kann es kaum fassen: Diesmal klappt es wirklich. Wir bekommen einen neuen blauen Monteuranzug und eine wattierte Jacke. Zunächst geht es in das Entlassungslager nach Mozajsk, etwa 50 Kilometer westlich von Moskau. Dort bleibe ich eine Woche. Sorgen habe ich noch, weil es stichprobenweise nächtliche Verhöre gibt, und so mancher wird wieder ausgesiebt. Wir kommen in Viehwaggons, in denen Stroh liegt, und freuen uns mächtig: Die Waggons werden nicht mehr verschlossen. Das ist das sichere Zeichen, dass es heimwärts geht. An der polnischen Grenze kommen wir in andere Waggons, weil dort die russische Breitspur zu Ende ist. Es folgt nochmals eine ärztliche Untersuchung. Man schaut genau nach, ob wir zur SS gehören. Angehörige dieser Truppe haben die Blutgruppe unterm linken Arm eintätowiert. Selbst Schnittnarben an diesem Körperteil sind schon verdächtig. Wer auch nur eine leicht veränderte Haut an dieser Stelle hat, muss wieder zurück nach Osten. Ich bin mit einigen Kameraden zum Reinigen der Waggons eingeteilt, somit musste ich nicht zu dieser Untersuchung. Ein Mitgefangener, der mich gut kennt, erzählt mir davon. Mir wird ganz flau zumute: Mit meiner Narbe unterm Arm, die von einer leichten

Verwundung herrührt, hätte ich sicher Schwierigkeiten bekommen. Glück gehabt.

Die Fahrt geht schließlich weiter bis Frankfurt an der Oder. Dort erhalten wir unseren Entlassungsschein. Beinahe geht dabei noch etwas schief. Die Namen der Entlassenen werden auf dem Hof verlesen. Mein Name wird dabei nicht genannt, aber es bleibt zum Glück ein Entlassungszettel übrig. Der Name auf dem Zettel wird nochmals verlesen: Bayer, Josef. Ich schreie sofort: »Hier!« Als Josef Bayer fahre ich dann heim. Es ist schon ein besonderes Gefühl, als wir über die Oderbrücke gehen und dies ohne ständige Bewachung tun können. In der DDR werden wir von Zivilpersonen betreut. Die Ostdeutschen unter uns können von Frankfurt aus gleich nach Hause fahren. Wir Bayern fahren in einigen Waggons nach Hof in das Lager Moschendorf. So richtig wohl ist mir erst, als wir die Grenze nach Bayern überfahren und die Grenzkontrolle durch russische Soldaten hinter uns haben. Nach einigen Formalitäten im Lager dürfen wir am nächsten Morgen die Heimfahrt antreten. Die Versorgung während des ganzen Transportes ist ausreichend, unser Nachholbedarf ist natürlich riesig. Es ist schon ein besonderes Glücksgefühl, nach schweren drei Jahren auf der Heimfahrt zu sein.

Gegen 18 Uhr komme ich in München an. In Rimsting will ich am nächsten Morgen sein. So gehe ich nach Pasing, um bei meinem Onkel zu übernachten. Das erste, was mir auffällt: Seine Gastwirtschaft ist nicht mehr da. Sie wurde im Krieg von einer Bombe getroffen. Meinen Onkel finde ich nicht, also geht es wieder zurück zum Hauptbahnhof. Und tatsächlich:

Wegen einer mächtigen Verspätung erreiche ich noch den letzten Zug nach Rimsting. Daheim bei uns brennt in der Küche noch Licht. Ich klopfe ans Fenster, denn Vater und Mutter sind offenbar noch wach. Die Überraschung über unser Wiedersehen ist groß, denn ich hatte ja aus Verzweiflung monatelang nicht mehr geschrieben. Gut kann ich mich noch erinnern, dass ich während der nächtlichen Unterhaltung einen kleineren Weißbrotwecken mit Marmelade esse. Meine körperliche und seelische Verfassung ist den Umständen entsprechend. Bei den Zähnen machen sich Krieg und Gefangenschaft besonders bemerkbar. Wasser in den Beinen zeigt sich nur ein paar Tage. Mein Appetit ist riesig. Zwiebeln kann ich wie Äpfel verdrücken. Bis Herbst 1948 erreiche ich mein Höchstgewicht von 75 Kilogramm. Dies geht aber schnell wieder zurück auf 70, was bis heute mein Normalgewicht ist. In der Gefangenschaft wog ich so um die 50 Kilo.

Das Eingewöhnen in Umgebung und Gesellschaft ist nach den Jahren der Gefangenschaft nicht einfach. Ich bin etwas leutescheu. Bei Veranstaltungen bekomme ich immer wieder Schweißausbrüche. Das Zusammengewöhnen in der Familie ist auch nicht ganz einfach. Sicher liegt dies zum Teil auch an mir selbst. Mit gerade 19 Jahren bin ich eingerückt. Für meine Eltern und Schwestern bin ich noch der Bub. Als ich am 27. Mai 1948 heimkomme, bin ich 25 und durch das Erlebte ein gereifter Mann, der natürlich seine ganz eigenen Grundsätze hat.

Der Kompass ging uns verloren

Hans Klinger, Wasserburg,
Zugführer an der Ostfront

Herbst 1945. Kein Heimatfilm-Regisseur könnte die Szenerie lauschiger gestalten: Ein wild dahinstiebender Gebirgsbach, über den ein überdachtes Holzbrückchen führt, zwei kleine, anheimelnde Hütten und ein Mannschaftszelt. Steil aufragende, bewaldete Hänge säumen das schmale Gebirgstal ein, weiter oben leuchten bizarre Felswände im weißlichen Mondlicht. Und das unablässige Rauschen und Gurgeln des Baches ist die Musik zu diesem friedlichen Bild. Mit schlürfenden Schritten, beide Hände am schmerzenden Gesäß, nähere ich mich langsam dem Mannschaftszelt. Ein bewaffneter GI geht neben mir her. Im Zelt ist es still und dunkel. Gott sei Dank, denke ich, jetzt schlafen sie wenigstens, endlich kehrt Ruhe ein, endlich hat die Meckerei ein Ende. Ich beiße mir auf die Zähne und bücke mich probehalber. Es geht schon, auch wenn mich mein Gesäß peinigt, als ritte ich auf einer Kreissäge. Robby, der Mann aus Texas, hat mir abermals eine spürbare Lehre erteilt; Robby, der Mann aus Texas, hält sehr viel von kompakter Umschulung: Demokraten sollen wir werden, wir gottverdammten Nazis, und zwar schnell. Dazu ist Härte erforderlich und Gehorsam und Disziplin, und Robby wird uns das beibringen. Dabei gebraucht er die gleichen Begriffe, die uns seit unserer Kindheit von der Hitlerjugend her, mehr als geläufig sind: Sauberkeit, Ordnung, Disziplin, Gehorsam. Das irritiert mich immer wieder, schließlich sind wir ja deshalb in die verteufelte Lage geraten, weil wir Gehorsam geübt haben, Gehorsam bis zur letzten Stunde, Gehorsam bis zum Untergang. Mit 18 bin ich eingerückt, habe die letzten beiden Kriegsjahre gegen die Russen gekämpft, bis unsere Front an der österreichisch-ungarischen Grenze komplett zusammenbrach und wir nur noch davonrennen konnten. Bloß nicht den Russen in die Hände fallen. Für uns von der Waffen-SS war das gleichbedeutend mit dem Todesurteil. Zweimal habe ich ein Mordsmassel, dass ich zusammen mit meinen Kameraden der Roten Armee entwische. Bei Linz gerate ich ganz unspektakulär schließlich in amerikanische Gefangenschaft. An einer Straßensperre nehmen mich zwei Posten gefangen. Ich bete zu Gott, dass sie mich nicht nach Osten zurückschicken. Und habe wieder Glück. Man bringt mich in die Altstadt von Linz, wo ich tagelang verhört und wie ein Kriegsverbrecher behandelt werde. Immer wieder muss ich mich dafür rechtfertigen, diese Uniform zu tragen. Tritte und Prügel teilen in diesen Tagen nicht nur die Russen, sondern auch die Amerikaner aus. In einem leeren, dunklen Kohlenkeller wäre ich beinahe verhungert. Zwei Wochen später komme ich in ein Internierungslager in den Salzburger Bergen. Und dort lerne ich jetzt Gehorsam. Stündlich sorgt der Mann aus Texas für Drill und für Schikanen. Manchmal wird er auch handgreiflich, besonders dann, wenn ich in seiner Holzhütte abends anklopfe, um Stroh und Decken anzufordern. Und das geschieht nahezu täglich, denn die Kameraden lassen nicht locker; verständlich, denn sie kommen durchnässt von ihrer Arbeitsstelle, einem Windbruch oben am Berg zurück, dann liegen wir auf dem blanken Boden. Und die Nächte neben diesem Gebirgsbach sind kalt, mitunter schneit es, so gesehen hat dieses idyllische Tal gravierende Nachteile.

Nun stehe ich zaudernd vor dem Zelt, will mir rasch noch eine Antwort, eine Ausrede zurechtlegen, doch da schubst mich der Posten bereits hinein. Ein Streichholz flackert auf, dann noch eines, schon verbreiten zwei Hindenburglichter einen armseligen Schein, und neugierige, erwartungsvolle Blicke sind auf mich gerichtet. »Was ist mit Stroh?« »Und Decken, was ist damit?« Das tägliche Kreuzverhör hat begonnen, Fragen prasseln auf mich ein, Fragen, die ich heute wieder nicht beantworten kann. »Weiß nicht ...«, versuche ich auszuweichen. »Junge, Junge, dich kann man wohin schicken ...« »Trantüte!« »Flasche!« »Penner!« Vielstimmig tönt es mir entgegen. Für dieses »Lob« meiner Kameraden lasse ich mich Tag für Tag von dem wütenden Texaner vermöbeln. »Ich muss meine Visage hinhalten, nicht ihr«, sage ich kleinlaut. »So schlimm wird's schon nicht sein. Wozu bist denn sonst unser Lagerführer, unser Lagerältester?« Lagerältester, grinse ich dumm in mich hinein. Jeder weiß genau, dass ich eher der Jüngste als der Älteste bin. Aber ich kann leider am besten Englisch, deshalb bin ich der Lagerführer. Ich würde darauf pfeifen, aber die Amis haben mich dazu bestimmt, also kann ich nicht zurücktreten. Ich senke den Kopf und suche mir einen Platz für die Nacht. Doch da ist keiner, also klemme ich mich einfach so dazwischen. Fluchend rücken ein paar Körper ein wenig zur Seite, Zentimeter für Zentimeter, der Platz ist mehr als knapp, denn das Zelt ist doppelt belegt. Als ich mich endlich hinlege, spüre ich meine feuchten Klamotten und das nasskalte Gras, ekelhaft ist das. Auf einmal wird es stiller, draußen vor dem Zelt patrouilliert der Posten auf und ab. Der pfeift ein Liedchen vor sich hin, womöglich hat er Angst.

Der Texaner tobt. Als sich am anderen Morgen das Arbeitskommando zum Frühappell meldet, fehlen zwei Mann. Robby ist außer sich, er zählt seine Schäflein nochmals, dann wieder, aber sie werden nicht mehr. Tatsächlich, zwei Mann gehen ab, weg sind sie. »Sie sind verantwortlich für die Männer«, schreit er mich an, dann reißt er seine Pistole raus und rennt die Front entlang, stürzt auf die beiden Kaffeebehälter los, um sie mit dem Fuß umzukippen. Und gleich packt er die schönen Weißbrote und wirft sie, Stück für Stück, in den reißenden Bach. Wie lustige Entchen schwimmen die Brote davon, während der Kaffee noch lange dampft, ehe er restlos im Grasboden versickert. Wir »Krauts«, so nennen uns die Amerikaner, weil sie glauben, dass wir uns nur von Sauerkraut ernähren, murren und maulen. Schließlich nehmen wir unser Werkzeug doch auf und latschen missmutig über das Holzbrückchen. Gleich hinter der Brücke geht es steil bergan, und bald werden wir vom Novembernebel verschluckt. Ein langer Tag steht uns bevor. Es beginnt wieder einmal zu regnen, sodass der Steilhang am

Windbruch, den wir aufarbeiten müssen, gefährlich rutschig sein wird. Zum Glück scheut Robby diesen Anstieg, also werden wir ein Feuer machen und langsam arbeiten. Als wir abends zurückkehren, hat sich vor und unterm Zelt ein kleiner See gebildet. Es regnet in Strömen. Recht belämmert gucken wir auf diese mistige Bescherung. »Geh rüber, aber gleich! Und komm bloß nicht mit leeren Händen zurück.« »Herrgott, das muss doch dieser Texasboy einsehen, dass es so nicht geht. Sollen wir uns nachts schwimmend über Wasser halten?« Einer lacht ein zynisches Lachen, und er sagt: »Jetzt brauchen wir kein Stroh mehr, Schlauchboote müssen her. Oder Taucheranzüge, ja, das ginge auch.« Man redet laut auf mich ein. Ich stehe wie alle völlig durchnässt und hungrig vor dem Zelt, unentschlossen, grübelnd. Ich habe Angst vor Robby, Angst vor den Abreibungen, die er mir verpasst, und Angst vor dessen ständiger Frage: »You know Dachau?« Dabei zieht Robby diesen jetzt so unrühmlichen Ortsnamen wie einen bösen Schrei in die Länge: »Däckau ... Däckau!«, tönt es hämisch aus ihm, immer, wenn ich das Thema Stroh und Decken anschneide. Das ist Robbys sich immer wiederholendes Argument: »You know Däckau?« Und was setzt man dagegen, was bloß?

Ich weiß, dass ich wieder rübergehen, einmal mehr nach Canossa antreten muss, doch ich lasse mir Zeit, verzögere meinen Gang, indem ich mit einigen anderen anfange kleine Gräben zu hacken und zu schaufeln, damit das Wasser vom Zelt wegrinnt. Dabei besänftigt sich meine Angst ein bisschen, auch meine Wut auf die ganze Welt, besonders aber auf den

Texaner. Verdammt, nicht nur auf ihn, da wäre doch auch mein ehemals oberster Chef, Heinrich Himmler, der sich aus der Verantwortung gezogen hat, nachdem er es vorher, um seine Machtfülle noch mehr zu steigern, so meisterlich verstanden hat, alles in denselben Topf zu werfen. So kommt es, dass die jungen Soldaten der Waffen-SS, die an vielen Brennpunkten der Fronten jahrelang gekämpft haben, nun den Kopf auch noch für die teuflischen Endlösungstheorien des Reichsführers Himmler, für das kriminelle Geschehen in den KZs, das Morden der »Einsatzgruppen« im Osten hinhalten müssen. Sie haben nun diese üblen Taten auszubaden, sie müssen jetzt herhalten für den verständlichen Hass der übrigen Welt. Mich fröstelt, und das nicht allein deshalb, weil meine Klamotten durch und durch nass sind. Voller Wut haue ich mit der Spitzhacke in den steinigen Boden, freilich, der Weg zu Robby bleibt mir deshalb auch nicht erspart. Die Hütte unserer US-Bewacher ist drangvoll; links und rechts sind Betten aufgereiht, dazwischen lagern Verpflegungskisten und Kleidersäcke. An der Stirnseite steht lediglich ein einzelnes Bett, nämlich das von Robby. So kann er alles überblicken. In dieser Bude riecht es nach Bohnenkaffee und Tabak, aber auch nach Schweiß und Rauch; Rauch, der einem behelfsmäßigen Blechkamin entweicht. Die Amerikaner liegen auf ihren Feldbetten, allesamt sind warm zugedeckt, auch Robby natürlich, der Mann aus Texas, dem es in diesem Tal ohnehin zu kalt, zu unwirtlich ist. Jetzt, nachdem ich eingetreten bin, sind aller Augen neugierig auf mich gerichtet. An der Tür stehend sage ich meinen Spruch auf, den ich heute allerdings noch mit einem Hinweis auf die Genfer Konvention erweitere. Freilich, ich selbst kenne den Wortlaut dieser Konvention auch nicht, habe sie nie gelesen, geschweige denn studiert, nicht mal auf der Junkerschule, den Inhalt kenne ich also nur vom Hörensagen. Eigenartig nur, dass Robby bei dem Stichwort Genfer Konvention gleich so maßlos reagiert, er springt auf und stemmt die Arme an die Hüften, zugleich bewegen sich seine Lippen heftig, wenngleich er stumm bleibt, vorerst wenigstens. Ich nutze die Gelegenheit: »Es wäre ja wirklich nur im Interesse der Arbeit, wenn wir endlich mal Stroh bekämen, Stroh und ... Decken. Andernfalls ... sonst könnten die Männer krank werden ... krank ...« Robby bläst seine Nüstern auf. »Krank?«, brüllt er. »Jawohl, allesamt könnten krank werden.« »Krank?«, schreit Robby grimmig. »Krank, das würde euch so passen, krankmachen, ausgerechnet jetzt! Und bei den Nazis? Da habt ihr wie die Blöden gekämpft, ihr Hunde! Stroh wollt ihr haben, Stroh? Ihr braucht kein Stroh, und Decken noch weniger, ihr seid doch abgehärtet, abgehärtet von der Front.« Robby lacht. »Zäh wie Leder, haha, hart wie Kruppstahl, haha! Jetzt könnt ihr's zeigen!« »Aufgrund der Genfer Konvention ...«, versuche ich erneut einen Einwand, werde aber gleich niedergeschrien: »Arbeitet schneller, dann friert euch nicht, ja, seid nicht so faul, dann friert euch gleich nicht mehr! Und noch was: Solange die beiden Mitgefangenen, diese flüchtigen Gangster, nicht wieder auftauchen hier, solange fällt die Verpflegung aus. Bachwasser könnt ihr saufen, klares Bachwasser.« Der Texaner ist richtig in Fahrt, er tobt und geifert, ein anderer US-Sergeant erhebt sich vom Bett, um ihn zu beschwichtigen. Der aber kommt mit langen Schritten auf mich zu. »Ab heute sauft ihr Bachwasser.« Ich überlege kurz, ob ich die Tür aufreißen und flugs abhauen soll. Nein, ich kann nicht, ich darf nicht, ich muss irgendein Ergebnis, einen Erfolg erzielen, sonst werden meine Kameraden noch rebellischer. »Laut Genfer Konvention«, versuche ich es abermals, »müssen wir verpflegt werden, falls wir die Arbeit nicht verweigern. Und eine ordentliche Unterkunft steht uns zu.« »Genfer Konvention, soso, Genfer Konvention«, sagt der Texaner »Und wo habt ihr diese Scheiß Genfer Konvention überall angewandt, ha? In Dachau etwa, ha?« In Robbys Gesicht macht sich allmählich die Stirnader bemerkbar, auch seine Adern am Hals treten hervor. Das bedeutet Gefahr, und ich weiche um etliche Zentimeter zurück, habe die Tür bereits im Rücken. »Däckau. Kennst du Däckau?« Ich spüre Robbys Atem, so dicht steht er vor mir, und ich überlege krampfhaft, was ich nun antworten soll: Ja oder nein? Aber weder die eine noch die andere Antwort würde der Wahrheit gerecht. Natürlich, als Bayer kenne ich Dachau, weiß, wo es liegt, wenngleich ich selbst noch nie dort gewesen bin. Also, was denn nun, soll ich ja sagen, damit ich endlich in Ruhe gelassen werde?

»Nein«, sage ich schließlich und schon spüre ich die Faust des Texaners auf meine Brust einschlagen. Dann verprügelt mich Robby mit einer schier endlosen Folge von Schlägen, sodass ich einen steinharten Klotz in mir wachsen fühle, einen Klotz, der so maßlos tief zu sitzen scheint, dass es unmöglich wäre, ihn auszukotzen. Merkwürdig, dabei wünsche ich mir innig,

Robby möge mich doch mitten im Gesicht treffen, damit ich blute, richtig blute, um meinen Kameraden endlich mal zeigen zu können, dass der Gang nach Stroh kein reiner Spaziergang ist. Doch diesen Gefallen erweist Robby mir nicht, unentwegt trommelt und trommelt er auf den Brustkasten, ich bekomme Atemnot, spüre eine jämmerliche Knieschwäche, werde kleiner und kleiner. Robby zielt deshalb tiefer. Er trifft bombig, bis ihm der andere Sergeant in die Arme fällt: »Stopp, stopp, bist du verrückt?«

Robby ist überrascht, auch ziemlich wütend. »Soll ich diese Jungnazis behandeln wie kleine Engel? Sie sind unsere Feinde. Und was für welche. Der Teufel soll sie holen, allesamt soll sie der Teufel holen! Verlass dich drauf, denen werd' ich's zeigen, die sollen noch was erleben.« Ich ringe nach Atem, und in meiner Brust brennt es, als hätte ich Fackeln verschluckt. Den Dialog höre ich kaum, wie ein geprügelter Hund stehe ich da, einmal mehr beneide ich meinen Kameraden Geigle, der tot im Wald liegt, tot und still. Auf der Flucht vor den Russen von einer Kugel getroffen und verblutet. Ich konnte ihm nicht mehr helfen. Ja, der hat seinen Frieden längst. Mein Gott, ob sie ihn schon gefunden haben – oder haben ihn doch die Vögel aufgefressen? Da reißt Robby die Tür auf und schubst mich hinaus. »Sag deinen Krauts, das Wort Stroh oder Decken möchte ich nie mehr hören, niemals mehr, sonst lasse ich euch Bachwasser saufen, bis ihr verreckt. Sag ihnen das, und ich meine es auch so«, ruft er mir nach.

Der Posten, der mich geleitet, steckt mir eine halbvolle Packung Zigaretten zu und macht ein Gesicht dabei, als müsse er sich für Robby entschuldigen. Vor dem Mannschaftszelt pickeln die Kameraden nach wie vor Wassergräben, und es regnet und regnet. Decken und Stroh werden wir wohl nie bekommen, denke ich, doch wie soll ich das den Männern erklären? Kalt ist mir, und es fröstelt mich schauderartig, wenn ich bedenke, wie ich da schuldlos zwischen allen Stühlen sitze. Robby, der Mann aus Texas, lässt keine Argumente gelten; er will uns zeigen, dass der Weg in die Demokratie dornig sein wird. Und doch überleben wir alle dieses kalte Zeltlager in den Bergen. Einmal mehr stehen wir ein paar Wochen, nachdem mich der Texaner so richtig vermöbelt hat, auf einem vollgepferchten Lastwagen der US-Army. In den Kurven biegen sich die seitlichen Bordwände, der schneidende Fahrtwind lässt uns die Köpfe einziehen. Bäume huschen vorüber, kahl und frostig, Alleebäume, die wohl dereinst von Napoleons Soldaten gepflanzt worden sind. In waghalsiger Geschwindigkeit werden wir übers Land geschaukelt, schließlich möchte uns der Fahrer doch zeigen, was für ein Kerl er ist. Um nicht herunterzufallen, krallen wir uns aneinander fest, stemmen uns gegen das Führerhaus und die Bordwände. Toll, wie die Bäume vorüberwischen, toll, wie rasend schnell sie zurückbleiben! Und? Bleibt nicht alles zurück, ist irgendwann nicht alles vorbei, einfach alles? Das modrige Kellerloch von Linz samt seinen zynischen Verhör-Offizieren genauso wie das Berglager im Pinzgau. Gras haben wir gefressen, Gras und Blätter, solange es noch welche gab. Und Schläge haben wir erduldet. Nicht allein nur Schläge, auch wüste Beschimpfungen und Anklagen und Unterstellungen. Der Hunger tut verdammt weh,

Beschimpfungen aber sind noch schmerzlicher. Einmal dann, als die Not am größten war, kam von draußen ein Pferd ins Lager, da bekam die berüchtigte Wassersuppe für etliche Tage Fettaugen, ja, sogar Fleischfasern schwammen in ihr herum. Letztlich wurden die Gedärme und die mehrfach ausgekochten Knochen auch noch verteilt. War das ein Fest. Wer wohl mag dieses Pferd gestiftet haben, war es wirklich ein hoher katholischer Würdenträger, nämlich der Bischof von Linz? So rätselten wir damals lange herum, ohne jemals schlau daraus zu werden.

Nun sind wir in Deutschland. Die erste Friedensweihnacht haben wir in einer ehemaligen Munitionsfabrik verlebt, ungefähr viertausend Mann lagen in einer riesigen Halle in vielstöckigen Stellagen, wie in einer Hühnerfarm, übereinander. Da stand kein Christbaum. Da brannte keine Kerze. Da kam keine Post. Trostlos war das, und diese Trostlosigkeit war gleich noch bitterer als der Hunger, viel bitterer als die Kälte. Hat die Heimat uns nun wirklich vergessen, sind wir vollends abgeschrieben? Als dann in der späten Nacht auch noch der Wind durchs Gebälk heulte, drehte manch einer durch. Seltsam, dieses Fegefeuer schien plötzlich unerträglicher zu werden als alle Höllen der Front. Und jetzt sind wir wieder unterwegs, unterwegs nach Nirgendwo, und wieder ist es so kalt und windig. Auch jene Trostlosigkeit ist mit von der Partie: Werden wir nach Frankreich abgeschoben – oder an Polen ausgeliefert? Nein, diesmal nicht, noch nicht jedenfalls, denn bereits nach einer Stunde bleibt der Laster vor dem Tor eines eher kleinen Barackenlagers stehen. Ich zupfe mir die Eiskrusten von den

Augenbrauen und Wimpern, bestaune die vielen rauchenden Kamine, wobei mich eine zwingende Sehnsucht nach Wärme überkommt: Die Hände über den Ofen halten, endlich einmal den Rücken aufwärmen! Schön wäre das, zu schön. Erst nach zwei Stunden werden wir gründlich gefilzt, schließlich dürfen wir das Tor passieren.

Ich ziehe gemeinsam mit meinem Kameraden Peter los, um, wie schon öfters, auf eigene Faust eine Bleibe zu erkunden. Peter habe ich vor acht Monaten kennengelernt, seitdem sind wir Freunde, seitdem teilen wir Freud und Leid miteinander. Freilich, Freude gab es bislang so gut wie keine. Um zehn Jahre ist Peter älter, als ganz junger Mann kam er von der Landespolizei zur Waffen-SS-Verfügungstruppe. Nun suchen wir einen neuen Unterschlupf, dreimal werden wir abgewiesen, weitergeschickt, jedoch bei der vierten Baracke könnte es klappen. Und wie! Zunächst kommen wir aus dem Staunen nicht heraus, denn was wir hier sehen, ist schier einmalig: Sauber bezogene Doppelstockbetten mit richtigen Spinden dazwischen, ein länglicher Tisch mit zwei Bänken in der Raummitte, daneben ein Ofen, der nicht nur brennt, sondern glüht. Und an den Wänden hängen hübsche buntfarbige Poster: Mädchen, Mädchen in allerlei Posen. Ich atme erst mal tief durch, auch Peter scheint es zunächst die Stimme zu verschlagen. Mann, wo gibt's denn sowas! Freilich, der Eintritt in so ein Schlaraffenland will verdient sein. Die zukünftigen Kumpels nehmen uns beide unter die Lupe, kritisch werden wir bezüglich Herkunft, Laufbahn, Dienstgrad ins Kreuzverhör genommen. Und weil wir so abgerissen, so verdreckt aussehen, müssen wir auch noch beschwören, dass wir frei von Ungeziefer sind. Wir leisten einen halbherzigen Schwur, wer ist da schon ganz sicher? Und schließlich stellen die »Barackenbesitzer« noch eine eigenartige, nicht alltägliche Bedingung, auf die sie uns festnageln. Wegen dieser Abmachung sitze ich bereits um 19.30 Uhr mit drei meiner neuen Kameraden und einem Amerikaner, der auf seinen angezogenen Knien eine großkalibrige Armeepistole griffbereit verwahrt, am Boden eines Lieferwagens, der einem Sani-Wagen ähnelt. Wortkarg geht es durch die Winternacht, und ich hoffe inbrünstig, wir mögen nie, nie ans Ziel gelangen. Ja, vielleicht rutscht der Lkw in einen Straßengraben, oder – geb's Gott – er verliert die Luft an sämtlichen Reifen gleichzeitig; bloß ankommen soll er nie! Davor kriege ich von Minute zu Minute mehr Bammel, und ich mustere mit bangen Blicken das Schlagzeug, das man mir untergejubelt hat, so als wäre es eine gefährliche Handgranate. Nun gibt es freilich kein Zurück mehr, kein Aussteigen, jetzt bin ich dabei: Den »Rhythmus« soll ich machen – und dazu auch noch singen, amerikanische Schlager singen, ausgerechnet ich, der ich kaum einen richtigen Ton halten kann. Im Notenlesen bin ich auch kein Meister, wenngleich ich dies als Kind schön brav gelernt habe. In wenigen Stunden wird es sich gezeigt haben, ob wir, Peter und ich, in dieser vornehmen Baracke bleiben dürfen oder nicht. Und dabei haben wir heute bereits auf Vorschuss gefuttert: Weißbrot, Erdnussbutter, Schinken aus der Dose, sogar Bohnenkaffee haben wir genossen und Ami-Zigaretten geraucht. Ein Weißblonder, den wir Charly rufen, hat diese Raritäten unterm Bett hervorgezaubert, freilich auch erst dann, als Peter denen erzählte, ich sei schon mal Fanfarenbläser und Trommler bei einem Jungvolk-Musikzug gewesen. Und so kam es, dass ich flugs zum Schlagzeuger ernannt wurde, denn der Pauli, ausgerechnet Pauli, der dafür zuständig war, sei stiften gegangen, sei einfach abgehauen wegen »so einer blöden Ziege«, wie die neuen Kameraden aufgeregt zu berichten wussten. Und wenn die Band nun auffliegt, sei alles vorbei, aus ist es dann mit dem Schlaraffenland. Ich muss also zustimmen, wenngleich mir keineswegs wohl dabei ist, und nun quält mich ein scheußliches Lampenfieber, nein, bange ist mir, und mehr als das. Kein Wunder, dass meine heimlichen Stoßgebete, dieser Wagen möge doch nie ankommen, immer heftiger werden. Aber Gott hört nicht auf jeden. Schließlich bleibt das Ami-Auto vor einem Landgasthaus stehen, wir sind am Ziel.

In einer Knechtekammer tauschen wir unsere Oberkleider gegen grellfarbige Hawaii-Hemden, und als Charly, der Bandleader, auch noch Strohhüte verteilt, komme ich mir vor wie im Fasching. Arg gelangweilt steht der Posten während der ganzen Prozedur an der Tür und fuchtelt mit seiner Pistole herum. »Let's go«, sagt er dann ungeduldig.

Eine breite Treppe führt uns ins Obergeschoss des Gasthauses, wo die Diele in einen Saal mündet, einen Saal, der scheckig-bunt dekoriert ist: die Lampen sind mit Seidenpapier verhüllt, Girlanden überall, rote, blaue, grüne, und mit angemalten Leintüchern ist der Saal längsseitig in »Schmuse-Ecken« unterteilt. Ganz vorn, an der Stirnseite, ist eine aus frischgeschnittenen

Hölzern gezimmerte Bar etabliert worden. Und auf die marschieren wie nun los, voran der Ami mit der Pistole, die vier »Musikanten« hinterdrein.

»Whisky«, fragt der ebenso lange wie dürre Barkeeper. Wir nicken, als sei dies selbstverständlich. Ich kenne zwar einige Lieder, in denen das Wort Whisky vorkommt, getrunken jedoch habe ich bis dahin noch nie einen Schluck davon. Ich habe keine Ahnung, wie das Zeug mundet und bin furchtbar neugierig – und gleich enttäuscht. Was, das soll Whisky sein? Der schmeckt ja wie eingeweichte Fußlappen, seltsam und schier undefinierbar. Bald aber spüre ich etwas in mir, ein sagenhaftes Gefühl ist das, so gelöst, frei und mutig bin ich plötzlich. »Noch einen?«, fragt der Barkeeper. Wir nicken wie blöde. So selig war ich schon ewige Zeiten nicht mehr, das scheußliche Lampenfieber ist plötzlich futsch, ich weiß ja kaum noch, warum wir überhaupt hier sind. »Na, ist das was?«, sagt Charly, dabei grinst er und ich grinse zurück. Da aber tauchen die ersten Besucher auf, einzelne Amerikaner, nach und nach treffen Pärchen ein, auch scheu um sich blickende alleinstehende Damen, schließlich füllt sich der Saal recht schnell mit US-Soldaten. Es geht ziemlich laut zu, und sie kommen nicht mit leeren Händen, haben genug Schnapsflaschen bei sich; es sieht so aus, als hätten sie sich einiges vorgenommen.

»Los, auf geht's!«, kommandiert Charly, und die Band bezieht auf einem Podium, welches ebenfalls mit plakativen Seidenpapierherzen beklebt ist, gehorsam Stellung. Was mag das für ein Anblick sein? »Oben« sind wir ganz bunt, richtig auf »Show« hergerichtet, »unten rum« aber sind wir feldgrau, noch echt deutsch.

Im Saal werden Pfiffe laut, Zurufe und vereinzelt auch Beifall. Während Charly, die Trompete in der Hand, das Mikrophon kontrollierend bepustet, rücke ich das Schlagzeug zurecht, wie ein heißes Eisen schiebe ich es ein paar Zentimeter nach links, dann wieder nach rechts. Der Akkordeonspieler lacht schadenfroh, doch der Bassgeiger macht mir Mut: »Scheiß dir nix! Die Amis sind ohnehin bald blau. Hauptsache, wir machen viel Krach. Laut muss es zugehen.«

Ich spüre, wie meine Hände feucht werden, alles ist so neu, so ungewohnt für mich, beinahe unglaublich. Träume ich womöglich nur? Whiskymutig lasse ich meinen Blick durch den Saal schweifen: Gesichter, Uniformen, Blondschöpfe, Figuren vermischen sich zu einem Brei, in welchem blonde und rote Farbtupfen dominieren. Mädchen sind da, viele, viele Mädchen. Und ausgerechnet ich soll hier singen! Plötzlich kreischt das Mikrophon schrill auf, Charly gibt mit dem Fuß einige Takte vor, schon geht's los: »You are my sunshine, my only sunshine.« Da höre ich tatsächlich meine eigene Stimme, aus einer Saalecke kommt sie mir entgegen: »... you make me happy ... when stars are grey ...«.

Kann ich das wirklich sein? Ein Wunder ist geschehen – oder singt lediglich der Whisky aus mir heraus? Weg sind sie, diese blöden Hemmungen, es geht ganz gut, besser, als ich je zu hoffen wagte, glaube ich jedenfalls. Nicht umsonst habe ich die Texte schnell noch gebüffelt und auf dem Schlagzeug geübt, am Nachmittag, am frühen Abend, gleich nach dieser unerwarteten Labung. Und da sagen die Leute immer, mit vollem Magen lerne man schlecht, dabei wird mein Gesang stetig sicherer, während Charly seine Trompete gekonnt jammern lässt und das Akkordeon die wehmütigsten Töne von sich gibt. Also, es läuft! Da fällt mir Peter ein, auch die patente Futterkiste in unserer neuen Baracke: Ja, wir werden bleiben dürfen, ganz bestimmt.

Es dauert gar nicht lange, bis der Saal in Schwung kommt, bald singen die Amis mit, und sie geizen nicht mit Beifall. Stimmung ist in dieser eigentümlichen Bude, eine ausgelassene Stimmung. Da legt Charly, der wie ein wahrhafter Profi ganz hart am Rande des Podiums steht, weißblond, lang und schlaksig, etwas eher Gemütvolles auf: »... dancing cheek to cheek ...« Die Pärchen lassen sich das nicht zweimal sagen, sie tanzen hauteng, inniglich, traumverloren. Und die Mädchen wehren sich nicht, machen beim Schmusen willig mit, und die Boys lassen ihre Hände an den Rundungen ihrer Tänzerinnen spazieren gehen. Bei Gott, die haben gar keine Hemmungen, sie nehmen sich, was ihnen gefällt. Und genau das scheint den Damen zu gefallen, auch sie möchten endlich leben, endlich mal in den siebenten Himmel hineinschweben. Ob auch sie sich im Whisky-Taumel befinden? Platinblond und Kastanienrot ist wohl in Mode, denke ich beim Betrachten der hübschen Mädchenfrisuren, freilich, nicht nur die Frisuren gefallen mir, aber ich bin ja zum Singen hier, zu nichts sonst. Wir spielen und spielen, eine Stunde, zwei, meine Stimme wird rauer, allmählich schwindet auch die seligmachende Wirkung des Whiskys. Meine Gedanken stehlen sich davon, wandern heimwärts, Maria fällt mir ein, meine Maria. Seltsam, dass mich dieser Gedanke keineswegs fröhlich stimmt, im Gegenteil, er löst sogar Misstrauen aus. Wäre es möglich, dass sie in dieser Stunde ebenso hingegeben tanzt, sich mit einem Amerikaner vergnügt, mit einem Sieger also, daheim, irgendwo in Rosenheim? Schöne Erinnerungen werden wach, jedoch ich spüre Eifersucht, bittere Eifersucht: Ob sie wirklich mit einem Ami ausgehen würde? Nein, sage ich mir, und ich versuche solch triste Überlegungen zu verscheuchen, ich rede mir gut zu, jedoch meine Zweifel bleiben, ja, man braucht ja bloß hinzusehen, wie diese Mädchen hier schmusen. Das macht mich schier verrückt, mein Gewissen fängt an, mir einen Streich zu spielen: Ich glaube mich plötzlich in eine Feierstunde der Hitlerjugend zurückversetzt, helle Fanfaren höre ich, dumpfe Landsknechttrommeln, eine markige Stimme: »... ist das Ziel auch noch so hoch, Jugend zwingt es doch!« Dann sehe ich mich auf dem Kasernenhof in Ellwangen unter lodernden Fackeln den Fahneneid schwören. Die Stahlhelme spiegeln im flackernden Schein. Gesichter huschen in meiner Erinnerung vorüber, Gesichter von Kameraden, ehrliche, lachende Gesichter und stumme, mit irr großen Augen, die der Tod zum Schweigen gebracht hat. Und dann sehe ich Birkenkreuze in endlosen Reihen. Und ich? Ich habe amerikanischen Whisky im Bauch, amerikanische Songs auf den Lippen, ich singe für die Soldaten des Feindes, den wir hätten besiegen müssen. Hätten müssen! Wir aber haben verloren, und nun tanzen unsere Mädchen mit den Siegern. Ja, wer gibt sich gerne mit Verlierern ab, wer schon?

Schließlich legt Charly eine völlig andere »Platte« auf, er schwenkt auf deutsche Schlager um. Wieder führt er mit seiner Zungenspitze die Band an, bringt den Saal zum Wogen: »Ich tanze mit dir in den Himmel hinein, in den siebenten Himmel der Liebe.« Und als er dann auch noch »Bei dir war es immer so schön« anstimmt, glänzen die Augen der Damen noch heller. »... und weil du einen andern liebst, muss ich gehen ...«, hauche ich ins Mikrophon, und überlege wieder: Wird das auch mir passieren, könnte es sein, dass meine Maria des Wartens müde wird? Nein, niemals, versuche ich mir einzureden und sehe ihr Bild deutlich vor mir, wie sie mir so vertraut und zustimmend zulächelt. Das macht mir Mut, gibt mir Selbstvertrauen, schon hebt sich meine Stimmung wieder, voller Hingabe singe ich: »Bei dir war es immer so schön ...« Und das Publikum geht mit, ist begeisterungsfähig, es johlt dann hellauf, als Charly, leise zuerst nur, ein paar Takte von »Lili Marleen« anschlägt. »Vor der Kaserne, vor dem großen Tor, stand eine Laterne, und steht sie noch davor ...«, bemühe ich mich mit ständig rauer werdender Stimme. Da ist es plötzlich sehr leise im Saal, feierlich nahezu, und die Pärchen schmiegen sich noch mehr aneinander.

»... Uns're beiden Schatten sah'n wie einer aus. Dass wir so lieb uns hatten, sah man gleich daraus ...« Charly spielt meisterhaft. Alles an ihm ist Musik, ist Takt, so ist es nicht verwunderlich, dass ihn die Mädchen anhimmeln. Er aber scheint nur Musik zu hören, den Klang seiner Trompete. Wie besessen spielt er. »Aus dem stillen Raume, aus der Erde Grund, hebt mich wie im Traume dein verliebter Mund ...« Und ich gebe mir alle Mühe, dieses Lied noch zu Ende zu bringen, heiser ist meine Stimme, zu heiser, und doch, gerade diese kaputte Stimme bringt den wehmütigen Text eher noch mehr zur Geltung. Und wie oft mag ich ihn schon gehört haben, von Lale Andersen, im Rundfunk und auf Schallplatten, am häufigsten aber vom Soldatensender Belgrad. Ist das überhaupt noch ein Lied, ein gewöhnliches Lied – oder ist es bereits ein Symbol für alle, die jemals einen Waffenrock getragen haben? Als der letzte rührselige Ton verklungen ist soll Schluss sein für heute. Enttäuscht gruppieren sich die Pärchen ums Podium und fordern Dreingaben. Da schiebt Charly eine Hand in den Trichter seiner Trompete, um den »Zapfenstreich« anklingen zu lassen – solo, versteht sich –, aber ein untersetzter Sergeant rudert sich diensteifrig durch die Umstehenden: »Schluss jetzt, geht heim! Aus ist es für heute, aus.«

Nur arg widerwillig brechen die Pärchen auf, der Saal leert sich nach und nach, während der pistolenbewaffnete Posten nun vor dem Podium auftaucht. »Los, los, macht schon!«, mahnt auch er zum Aufbruch, und kaum zehn Minuten später hocken wir in dem kalten Sani-Lastwagen, der einer leeren Tonne gleich dahinscheppert. Jetzt hat uns der Alltag wieder, der so öd ist und leer. Die Atmosphäre ist nicht mehr bunt und traumselig, selbst der allerletzte Hauch von Whisky hat sich längst verflüchtigt. Die Gedanken werden quälend nüchtern, das anerzogene Gewissen schlägt wieder an: »... als Junker der Waffen-SS einen vornehmen, furchtlosen Charakter zu erstreben. Alkohol und Nikotin sind verwerflich.« Der Kastenwagen schlittert rumpelnd durch eine scharfe Kurve, und der Wachposten grinst süffisant, als der Bassgeiger eine brennende Zigarette von Mund zu Mund gehen lässt. Ich nehme einen tiefen Zug, beinahe so, als möchte ich mein Gewissen damit ersticken: Für Soldaten einer feindlichen Macht spielen, das ist doch ehrenrührig. Oder? Merkwürdig, ganz plötzlich spüre ich eine üble Magenleere, dass mein Hals kratzt und brennt, das will ich aber nicht wahrnehmen. Schließlich bin ich ja jetzt ein Sänger. So fahren wir wortlos dahin, da spitzt Charly seine Lippen und fängt zu pfeifen an, auch der Bassgeiger stimmt in »Don't fence me in« ein, und die scheppernden Blechwände des Autos untermalen diese Melodie.

Ich muss wieder und wieder an Maria denken, komme einfach nicht los von ihr, meine Eifersucht gängelt mich: Ob sie auch Geschenke annimmt, Seidenstrümpfe, Schokolade, Lippenstifte? Verbringt auch sie ihre Abende – und Nächte – mit einem Sieger, also mit einem dieser neuen Herren? »Scheiße«, platzt es leise und gedankenversunken aus mir heraus. »Was denn, was denn, unsere Bude ist doch schön warm, wenn wir ankommen, und zum Fressen haben wir die besten Brocken. Menschenskind, ich versteh' nicht, was daran Scheiße sein soll«, kontert der Akkordeonspieler, der mit einer sehr zufriedenen Miene auf einem mit Wachs beschichteten Karton thront. Und dieser Karton ist voller Lebensmittel. Als der Wachposten seine Packung »Pall Mall« jetzt kreisen lässt, summen der Akkordeonspieler und ich das Lied auch mit, und zu guter Letzt schließt der Ami sich diesem summenden Gepfeife ebenfalls an. Da vergesse ich meine Maria, endlich werden meine Gedanken gelöster, viel fröhlicher: War ich nicht erst gestern noch in dieser mistigen Munitionshalle? Und heute? Wartet jetzt nicht ein frischbezogener Strohsack auf mich in einer feinen noblen Baracke? Ja, und Whisky habe ich getrunken. Wenn das kein Schlaraffenland ist! Da kippt meine Stimmung vollends um, Glückseligkeit durchrieselt mich, unwillkürlich tastet meine Rechte liebevoll übers Schlagzeug. Ihm habe ich das alles zu verdanken, ihm allein, dabei habe ich es bei der Hinfahrt noch heimlich verflucht. Das ist mir auf einmal gänzlich unverständlich, so unverständlich wie manches in der jüngsten Vergangenheit.

Sommer 1946: Obgleich der Tag sich zu neigen beginnt, ist es immer noch schwül. Die Fenster der Baracke stehen weit offen. Peter und ich liegen träge auf unseren Pritschen und lauschen einer ölig-schleimigen Stimme, die von draußen zu uns dringt. Gestern ist nämlich auf der Lagerstraße ein phonstarker Lautsprecher montiert worden für Durchsagen der Lagerleitung. Und Nachrichten dürfen wir auch hören, ja, vor allem aber die Kommentare zum Nürnberger Prozess, die besonders laut übers Lagergelände tönen. Sie sind wohl ein wesentlicher Beitrag zu unserer Umschulung; einer Umschulung, auf die wir nun bereits mehr als fünfzehn Monate warten. Und diese Zeit ist uns wie eine Ewigkeit. Bislang jedoch fand außer Hungerkuren, Schießereien von betrunkenen Posten, Schlägen, Diffamierungen in all den Monaten nichts statt. Wir warten.

Jetzt sind wir in einem Internierungslager in Niederbayern mit vielen Unterabteilungen, mit Käfigen wie in einem Tierpark. Ich liege mit meinen Kameraden in Cage 13, wir liegen und liegen, es gibt keine Arbeit hier und, was noch schlimmer ist, keinerlei Zuteilung an Rauchwaren. Eine entnervende Langeweile bedrückt uns – und mehr noch die erschütternden Nachrichten vom Nürnberger Prozess. Ein Sprecher kommentiert sie, er ereifert sich. Die Angeklagten sind allesamt Aasgeier, Hyänen, Lumpenpack, Intriganten, Gesindel, Massenmörder. Das Volk, das nicht erkennen wollte, welchen Herren es diente, werde zu büßen haben, büßen müssen bis ans Ende aller Tage. Ich bin völlig verwirrt, mein innerer Kompass, seit der Kapitulation schon mehrfach beschädigt, zersplittert nun in tausend Scherben. »Wenigstens einer war so gescheit, das Wesen des Dritten Reiches rechtzeitig zu durchschauen«, sagt Peter hämisch und meint den Kommentator im Radio. Wie tote Fliegen liegen wir auf unseren Pritschen, die schmachvollen Worte des Sprechers aufsaugend, jedoch das meiste ist für uns so unvorstellbar, bewegt sich in einer solch grausigen Dimension, dass wir es einfach nicht glauben können. Missmutig erhebe ich mich von meiner Liege, um nochmals meine Taschen, auch meine spärliche Habe zu durchwühlen: Nichts, da ist kein Zigarettenstummel mehr, kein Krümelchen Tabak. Wortlos hocke ich mich schließlich an den Tisch, auf dem ein Bündel Fragebogen liegt, neue Fragebogen, schon wieder neue, und diesmal sind sie deutscher Herkunft, was man am Papier erkennt, weil es so rau ist und einen Stich ins Gelbliche hat. Es riecht nach Mangel und nach Armut, die Fragen auf ihm sind sehr zahlreich, schier endlos, es ist der »Meldebogen auf Grund des Gesetzes zur Befreiung vom Nationalsozialismus und Militarismus vom 5. März 1946«. Er bringt die Köpfe zum Rauchen. Wir rätseln und beratschlagen, mit einem einfachen Ja oder Nein lassen sich die meisten Fragen ja kaum beantworten. Halb neugierig, halb lustlos blättere ich darin herum. »Ist Ihre Beschäftigung von der Militärregierung genehmigt?«, lese ich den anderen vor. »Vorläufig? Endgültig? Abgelehnt?« Und wir lachen, aber es hört sich eher gequält an. »Scheiß drauf!«, meckert Peter, der wegen seiner massiv angeschwollenen Gelenke sowieso mehr liegt als steht.

Ich lese weiter: »Hatten Sie irgendwelche Vorteile durch Ihre Mitgliedschaft bei irgendeiner NS-Organisation, zum Beispiel durch Zuschüsse, Sonderzuteilungen, Beförderungen oder Unabkömmlich-Stellungen und ähnliches?« »Und ob ... und ob!«, biegt sich einer unserer Kameraden in der Baracke vor Lachen. »Klar doch, ist doch klar, eine ganze Menge Sandstürme in Afrika, dann erfrorene Zehen in Russland, Splitter in der Lunge, Eisen im Wadel und verfaulte Pellkartoffeln. Und wundersame Ausblicke auf zerschundene Kameraden, auf Birkenkreuze, wenigstens vor Jahren noch, denn später gab es nicht mal die.« Dann die Frage Nummer 106: Waren Sie Mitglied einer Partei vor 1933? Frage Nummer 107: Falls ja, welcher? Frage 108: Welche politische Partei haben Sie bei der Novemberwahl 1932 gewählt? Und Frage 109: Welche im März 1933? »Aha, im März 1933! Fehlanzeige, da waren wir ja noch Kinderchen, süße kleine Fratzen, was?« Endlich lachen wir wieder. »Hosenscheißer«, ergänze ich noch und frage, wie viele Antworten die Bögen eigentlich von uns verlangen. »Genau einhunderteinunddreißig«, sagt Peter. »Manometer, was haben die sich dabei gedacht?« An einen neuen Anfang, an eine blitzsaubere Demokratie wahrscheinlich. Und dann fällt mir wegen des Rauchens ein, dass ich noch unter meinem Kopfkissen zwei dickleibige, überaus buntfarbige Illustrierte versteckt habe. »Die sind mindestens eine ganze Packung wert. Also, lass dich nicht löffeln«, rät mir Peter noch, ehe ich losziehe. Die einzelnen Lager sind strikt voneinander abgeteilt, hoher und dichter Stacheldrahtzaun sorgt dafür, dass kein unerlaubter »Grenzverkehr« zwischen den einzelnen »Abteilungen« stattfindet. Warum das so ist, weiß eigentlich niemand, aber die Amerikaner legen gerade darauf großen Wert. Ein Glück, dass ich einen Dolmetscherausweis habe, der mir den Zutritt in andere Abteilungen, an deren Eingang polnische Posten stehen, ermöglicht. Also ziehe ich zunächst die Lagerstraße entlang und komme am sogenannten Russen-Block vorüber, der seit Wochen leer ist. Mich schaudert, wenn ich daran denke, was sich hier abgespielt hat: Eines Nachts rückten die Amerikaner auf leisen Invasionssohlen mit ungewöhnlich starker Besatzung an, rissen die Insassen dieses Blockes aus dem Schlaf und knüppelten sie mit großem Hurra aus dem Lager hinaus. Die Gefangenen wehrten sich verzweifelt, schlugen um sich, bissen, kratzten, legten sich auf den Boden, jedoch es half ihnen nichts. Die Amis, mit Schlagstöcken ausgerüstet, blieben letztlich Sieger, und die Insassen des Russen-Blockes, alles Soldaten der ehemaligen Wlassow-Armee, die für die Wehrmacht gekämpft hat, wurden draußen auf Lastwagen verladen, um in die Tschechei transportiert zu werden. Dort wurden sie den Sowjets übergeben. Was dann aus ihnen geworden ist, lässt sich nur erahnen.

Dann komme ich zum »Goldfasanen-Lager«. Es ist nach den NS-Parteibonzen benannt, die dort untergebracht sind. Die höheren NS-Parteidienstgrade hatten allesamt goldene Borten an ihren Uniformen, deshalb

Goldfasane. Doch der Posten am Lager der NS-Bonzen winkt ab, als ich ihm meinen Ausweis zeigen möchte – ich darf so hinein. Und hier befinden sich viele, viele »Hoheitsträger« des Dritten Reiches, Parteifunktionäre, alte Kämpfer, aber auch Botschafter, Beamte, Richter und Staatsanwälte, Polizeipräsidenten, Gestapo-Leute ebenso wie pfiffige SD-Agenten. Freilich, ganz kleine Fische sind auch darunter, Blockwarte und zumeist recht harmlose Ortsgruppenleiter der NSDAP, häufig altväterliche, ländliche Typen. Und dass sie Pakete von draußen bekommen, wenigstens die meisten von ihnen, lässt sich leicht an ihren behäbigen Figuren absehen, wenngleich auch sie Hosenträger benötigen, damit sie ihre Beinkleider nicht verlieren. Auch ihre Gesichter sind längst hohlwangig geworden. Jedoch die meisten von ihnen würden Stein und Bein schwören, überhaupt nicht zu wissen, warum sie hier einsitzen müssen. In der Tat glaube ich, in einem Altersheim zu sein, in einem Altersheim, das man versehentlich mit Stacheldraht umgeben hat, so alt kommen mir diese vierzig-, fünfzig- und sechzigjährigen Inhaftierten vor. Die Gesichter scheinen alle einander zu ähneln, ich sehe kaum Kämpfernaturen, nichts erinnert mich an Forschheit, Kampfgeist, Selbstzucht oder gar an den vielberedeten starken Willen zum großen politischen Werk. Schwatzend hocken sie vor ihren Unterkünfte jede Sekunde bereit, eine neue Latrinenparole aufzugabeln. Sie machen einen mutlosen Eindruck. Ihre Zukunft ist bereits Vergangenheit, selbst sie sind von ihrem einzigartigen Führer verscherbelt worden. Und ich kann mir nur schwerlich vorstellen, dass sie die Steigbügelhalter Hitlers gewesen sein sollen, jene Männer also, welche die nationale Bewegung ins Leben gerufen haben, eine Sammlung nationaler Kräfte mit revolutionären und reaktionären Thesen. Und diese Männer sollen es damals ermöglicht haben, Deutschland aus tiefster Not zu Weltmachtgröße zu führen? Mächtige Männer also? Immer wieder schaue ich fragend und staunend und zweifelnd um mich, aber ich kann mir keinen Reim darauf machen. Und doch: Hitler allein hätte ohne diese Mitstreiter, ohne diese Helfer sein Ziel kaum jemals erreichen können. Welches Ziel? Er hat die größte Katastrophe ausgelöst, und ich kann unmöglich glauben, dass diese biederen Leute hier das alles gewollt hatten.

So gehe ich mit meinen zwei Illustrierten unterm Arm wie ein Hausierer von Baracke zu Baracke. Dicke Wälzer sind es, klotzig beinahe und farbenprächtig, mit phantastischen Bildern von chromglitzernden Autos, von tollen Frauen. Und diese Reklame! Da wird ganzseitig für Luxusartikel geworben, die wir uns nicht mal im kühnsten Traum zu erhoffen wagen: Anzüge, Schokolade, Hüte, Automobile, Handtaschen, Lederkoffer, Zigaretten, Lippenstifte und Puder, Tabak in herrlichen Dosen. Ein noch nie gesehenes Paradies tut sich auf, Seite für Seite, auf Glanzpapier. Die Internierten zeigen allerdings wenig Interesse; mag schon sein, dass sie all zu viel mit ihren eigenen Sorgen beschäftigt oder bereits zu abgestumpft sind. Zunächst zeitigt meine Tauschaktion keinen Erfolg, es dauert seine Zeit, bis ich endlich Tabak dafür bekomme, noch dazu bloß einen Tabak der Marke Eigenbau, und der ist grünlich und kaum richtig trocken. Besser als nichts, denke ich mir und mache mich auf den Rückweg, da aber stockt mein Schritt. Kommt da nicht der »Rex«, mein früherer Schülerheimdirektor, daher? Das darf doch nicht sein! Ich traue meinen Augen nicht, tatsächlich, er ist es, denn wer sonst schon könnte einen so eigentümlich stolzierenden, federnden, einmalig elastischen Gang haben? Klar, nur einer kann so dahinstolzieren, nämlich mein »Rex«. Schon fühle ich mich in den großen Lernsaal meines Schülerheims zurückversetzt, ich eile, einen makabren Scherz auf der Zunge, direkt auf ihn zu: »Sie sind schuld, Sie, Herr Direktor!« Der Angesprochene bleibt abrupt stehen und blickt verlegen um sich, so als habe er Mithörer zu befürchten. »Was? Was reden Sie da?«, fragt er, nicht ohne mit seinen Absätzen auf und ab zu wippen. Auch diese Bewegung ist so typisch für ihn, kein Zweifel, dieser Mann ist »Rex«. »Sie sind schuld, Herr Direktor, dass ich hier bin«, wiederhole ich, und abermals blickt der große, strohblonde Herr scheu in die Runde. »Erlauben Sie mal, mit wem habe ich das ...?« »Ich bin der Hans aus Wasserburg, ich war Ihr Schüler, mehrere Jahre war ich bei Ihnen im Schülerheim. Erinnern Sie sich?« Erst jetzt verzieht sich sein Gesicht zu einem vorsichtigen Lächeln. »Und ob. Nein sowas, und ausgerechnet hier kreuzen sich unsere Wege wieder.« Endlich lacht er wie ein Mensch: »Na, Sie sind mir aber einer, immer noch derselbe Schlingel, was?« »Wenn's leicht geht, Herr Direktor, dann schon. Nur manchmal, da ... da ist man einfach stocksauer auf alles, auf die Welt – auf alles eben.«

»Aber erzählen Sie doch, warum sind Sie denn in diesem komischen Lager hier?« »Waffen-SS.« »Ja, richtig, ich erinnere mich sogar, dass ich Sie mal im

Lazarett auf der Burg besucht habe. Stimmt's?« »Tatsächlich, aber warum hat man Sie denn verhaftet«, frage ich den Direktor. Bei dem Wort »verhaftet« zögere ich ein wenig, geniere mich, weil es sich ja schließlich um meinen Schülerheimdirektor handelt. Und was könnte sich ein so integrer Herr schon zuschulden kommen lassen, worauf ein so mieses Wort wie »verhaften« passen würde? »Ich war Kreisbildstellenleiter, wissen Sie, Kreisbildstellenleiter. Tja, wenn man sich nicht abseits stellen wollte, musste man ja was übernehmen, Sie verstehen schon.« Und auf einmal erscheint mir die ganze Situation so komisch, ich kann ein Lachen kaum zurückhalten. Und der Direktor fängt auch an, hellauf zu lachen: »Weit haben wir es gebracht, wirklich weit sind wir vorangeschritten auf dem Pfad der Tugend. Und dabei haben wir stets recht getan, alles nach Vorschrift, Pflichtbewusstsein, Treue, Gehorsam, alles, alles! Da soll sich einer noch auskennen!« Ich lache schallend, ein wenig Schadenfreue ist auch dabei. Klar, nun hockt sogar mein »Rex«. Der ist dann plötzlich sehr aufgebracht: »Ich finde das durchaus nicht zum Lachen. Überlegen Sie doch mal, was mir da widerfahren ist, meine Stellung als Beamter, meine Karriere, meine Familie. Gott, o Gott, ich darf mit dem Denken gar nicht anfangen. Was soll bloß werden? Ich bin in einer unbeschreiblich schlechten Lage. Was ist mit meinen Bezügen, mit meinen erworbenen Rechten als Beamter?« Ich merke, wie sich Unbehagen in mir breitmacht – oder ist es eher schon Wut? »Und ich?«, sage ich. »Ich könnte sagen, dank Ihrer Erziehung bin ich hier gelandet. Ja, genau betrachtet ist es so.« »Was ... was sagen Sie da?«, fragt der »Rex« betroffen, nicht ohne sich wieder mal nach allen Seiten umzuschauen. Sein braungebranntes Gesicht wird um etliche Nuancen blasser, er ärgert sich also mächtig. Doch ich fahre fort: »Na ja, so direkt wollte ich es ja gar nicht ausdrücken, aber schließlich bin ich in der Schule doch zu einem Nationalsozialisten erzogen worden. Alle Lehrer haben sich bemüht, sogar recht emsig, aus uns Buben tapfere Deutsche zu machen, wackere Kämpfer für die Größe des Reiches, richtige Streiter für die Ideen des Führers. Und wir glaubten das alles, wir mussten es ja glauben, es gab gar keine andere Wahl.« »Daraus werden Sie mir doch keinen Vorwurf machen«, sagt er Direktor sichtlich irritiert. »Wenn schon, Herr Direktor, jetzt wäre es ja ohnehin viel zu spät.«

»Nein, nein, ich bin bestimmt kein Verbrecher«, braust der »Rex« auf. »Und das mit der Kreisbildstelle war ja mehr so Larifari, jedenfalls nichts Ernsthaftes, wirklich, und getan habe ich ja auch niemanden etwas.« »Sie haben halt Propagandafilme ausgegeben und verteilt«, sage ich leicht sauer. »Propagandafilme? So würde ich das nicht sehen, es waren Filme belehrenden Inhaltes. Und so viele waren es schließlich ja auch nicht, nein, nein, das hielt sich in Grenzen. Aber Sie, mein Lieber, das mit der Waffen-SS sieht nicht gut aus. Mit ein paar Jährchen werden Sie sich schon abfinden müssen. Na ja, Sie sind ja noch jung, wie gesagt, Kopf hoch, das schaffen Sie schon. Das wäre ja gelacht schließlich sind Sie ja an Entsagung gewöhnt. Und besser als an der Front, das müssen Sie doch zugeben, ist es hier jedenfalls.« Und der Direktor redet und spricht und palavert davon, dass er selbst sicher bald draußen sein werde, denn Erzieher würden immer gebraucht. Lehrer seien eben zu wichtig. »Stellen Sie sich eine Demokratie, einen neuen Staat, mit lauter Analphabeten vor. Ist doch unmöglich«, bekräftigt er seine Argumentation. Alles in allem ist er guter Dinge, ich allerdings nicht, denn nun hat man mir auch noch die Lehre erteilt, nicht die Erzieher seien schuld an dem ungeheuren Schlamassel, nein, die Erzogenen seien es, und sie sollen diese Suppe auch auslöffeln.

Nachdenklich wandere ich auf der Lagerstraße zurück zum Cage 13. Als ich an dem wie ausgestorben daliegenden Russen-Block vorbeikomme, spüre ich jenes seltsam schauderartige Gefühl erneut. Ob die Amerikaner wussten, was mit diesen Wlassow-Soldaten geschehen würde, als sie diese den Sowjets auslieferten? Ich suche keine Antwort auf diese Frage, sondern den Tabak, den ich vorhin eingetauscht habe. Grob geschnitten ist er und arg grün noch. Drei oder vier Tage wird er für uns reichen, denke ich, vielleicht sogar fünf. Als ich in der Baracke ankomme, liegen Peter und die anderen noch immer recht schläfrig auf ihren Pritschen. »Tabak«, sage ich laut, und es hört sich an, als würde ich »Panzeralarm« rufen. Schon sind alle am Tisch, wo ich die duftende Pracht ausbreite, und Peter schneidet aus den Rändern der »Neuen Zeitung« rechteckige Papierchen aus. In stiller Vorfreude drehen wie Zigaretten. Allerdings, beim ersten Zug hüsteln wir, der scharfe Rauch kratzt ordentlich in unseren Kehlen. Trotzdem ist es ein beglückendes Gefühl und ich vermeide es, von der Begegnung mit meinem »Rex« zu erzählen. Wozu auch, was hätte das für einen Sinn?

Unsere Baracke 17 ist keine Bruchbude, durchaus nicht, und lediglich sieben Internierte hausen in ihr. Viel Raum ist da also, eine Menge Platz. Die Zeiten, in denen wir uns gegenseitig nervtötend auf die Füße traten, sind vorüber. Im Spätherbst 1947 leeren sich die Gefangenenlager allmählich, Spruchkammern haben sich außerhalb des Stacheldrahtes etabliert, um die vieldiskutierte Entnazifizierung und Entmilitarisierung zu vollziehen. Nach und nach soll jeder Gefangene seine »Klageschrift« erhalten, dann, nach Beurteilung der Spruchkammer, dementsprechend eingestuft und zur »Sühne« herangezogen werden. Natürlich dauert das alles seine Zeit, und doch, es lässt wenigstens hoffen. Die Bürokratie erhebt also ihr Haupt langsam aus den Schuttmassen der totalen Niederlage, zumindest fasst sie wieder festen Tritt, in der Tat, es gibt wohl nichts auf dieser Welt, was sie jemals zu endgültiger Aufgabe zwingen könnte. Wie gesagt, die Baracke 17 ist tatsächlich nur mit sieben Mann belegt. Ganz hinten haben sich drei »Zivilisten«, ein »alter Kämpfer«, ein Großbauunternehmer und ein Schokoladenfabrikant, eingerichtet. Sie zählen nach der jetzt gültigen Meinung zur Kategorie der »Nutznießer«. In der Barackenmitte ist nichts als ein leerer Raum, vorn links lebt, durch viele alte Wolldecken abgeschottet, ein ehemaliger Sturmbannführer des Sicherheitsdienstes, der ausgesprochen wortkarg ist. Er schätzt die Einsiedelei, und seine zwei akademischen Schmisse verraten seine jeweilige Stimmungslage: Sind sie flammend rot, dann ist es besser, ihn nicht anzusprechen. Die rechte Seite der vorderen Barackenhälfte haben die jungen Männer der Waffen-

SS mit mir belegt. Mit allerlei Kram, den wir von überall herbeischleppen, haben wir uns recht häuslich eingerichtet. Gar manches haben wir aus Kistenbrettern, aus leeren Kanistern und Konservendosen zusammengebastelt, sogar einen eigenen Ofen. Freilich, einer amtlichen Feuerbeschau würde der keinesfalls standhalten.

Als ich an diesem Abend vom Arbeitskommando »Fliesen« zurückkehre, sind meine Kameraden eigentümlich muffig. Nicht mal den Gruß erwidern sie, dabei ist es heute so fabelhaft mild, so mild, als käme der Sommer und nicht der Winter. »Servus«, versuche ich es nochmals. Niemand reagiert so recht. Alle täuschen hektische Überbeschäftigung vor: Kartoffelbrei wärmt man in einer riesigen Fünf-Liter-Konservendose auf. Zugegeben, es ist der sehr geschätzte amerikanische Kartoffelbrei, der so locker ist, so wunderbar nach Milch schmeckt, und den bringt einer von seinem Arbeitskommando mit. »Holz. Ich brauche mehr Holz«, bricht ein anderer endlich das Schweigen. Ich werfe meine schwarzgefärbte Windjacke auf die Pritsche, eile in den leeren Baracken-Mittelteil, um dort zwei Bodenbretter hochzustemmen, unter denen unser spärlicher Holzvorrat gelagert ist. Wirklich fein säuberlich gelagert, vor allem aber gesichert vor »fremdem Zugriff«, und das ist in Notzeiten nicht gerade unwichtig.

»Nicht so viel«, meckert der Koch, als ich nachlege, dann ist das Gespräch wieder beendet. Ein bisschen beleidigt nehme ich die blechernen Essnäpfe vom Regal, stelle sie auf den Tisch, dann schlendere ich, das Waschzeug unterm Arm, zur Waschbaracke. Das mit dem Essen wird noch eine Zeit dauern, außerdem ist Peter ja auch noch nicht da, der ist bestimmt wieder mal beim Onkel Doktor wegen seiner Gelenke. Mann, denke ich, hoffentlich verschreibt ihm der nicht wieder eine so scheußlich riechende Salbe! Der Gestank ist ja kaum zu verkraften. Als ich zurückkomme, sitzen die anderen bereits am Tisch und löffeln den Brei hastig in sich hinein. »Und der Peter?«, frage ich.

»Nicht da.«

»Ist er beim Doktor?«, bohre ich nach.

»Nein.«

»Und? Wo ist denn der Peter?«

»Weg«, sagt einer ganz ruhig und sachlich. »Der Peter ist weg«, sagt noch ein anderer, als ich den Ersten nichtverstehend anglotze. »Was heißt das? Ist er stiften gegangen? »Nein!« antwortet man mir, und dann lachen wir, denn keiner kann sich eine Flucht von Peter vorstellen, der wegen seiner Gelenke kaum zehn Schritte ohne längere Pause hinter sich bringt. »Ist er ins Lazarett gekommen?«, will ich wissen. »Nein.« »Ja, Herrgott, so red schon! Ist er gar entlassen worden?« »Nein, auch nicht. Entlassen ... entlassen? Gar nicht so übel, vielleicht könnte man so sagen.« »Na, was heißt denn das schon wieder?« Ich werde ungeduldig. Und dann sagt einer: »Peter hat sich selbst entlassen.« »Was?«, staune ich. »Ja, heute Vormittag. Und zwar in der Waschbaracke 6. Er hat sich die Pulsadern ...« »Aber wieso denn?«, schreie ich verzweifelt in den Raum hinein. »Vermutlich seine Schmerzen und seine kaputten Gelenke. Was hätte er anfangen können, wenn er eines Tages rausgekommen wäre, was denn schon?« Wir starren uns sekundenlang an, Feindseligkeit ist in unseren Blicken, fast so, als möchte einer zum anderen sagen: »Du hättest Peters Tod verhindern können.« »Seine Schmerzen, ja die Aussichtslosigkeit, das Warten, das jahrelange Warten auf eine Zeile von seiner Frau. Und dann, ja, und dann dieser Brief von seiner Ziehmutter.«

»Was für ein Brief?« »Lies ihn selbst!« »Wo?« »Er liegt auf seinem Bett.«

Auf dem Bett steht ein Pappkarton, und ebenso befangen wie neugierig schaue ich hinein. Obenauf liegt ein Stück Papier, kleinkariert, das so aussieht, als sei es aus einem Schulheft. Dann lese ich über fahrige Buchstaben hinweg, Sütterlinschrift, wie man sie früher geschrieben hat, und ich mühe mich, dieses nervöse Gekritzel zu entziffern:

Peter, mein lieber Bub!
Nun muss ich es Dir doch schreiben. Evi hat mir einen Brief zukommen lassen, in welchem sie mir mitteilt, dass sie mit einem Amerikaner zusammen lebt. Sie ist in Augsburg. Schon vor Monaten war sie einmal hier, um Sachen von sich abzuholen. Damals meinte sie, sie würde bald wiederkommen. Nun ist alles anders, sie möchte mit diesem Mann auswandern, wenn er vom Militär freikommt. Du sollst sie verstehen, darum bittet sie Dich, und sie hätte Dir alles selbst geschrieben, wenn sie deine Adresse gewusst hätte. Und sie verzeiht Dir ja auch, dass Du bei der Waffen-SS gewesen bist, sagt sie. Bub, sei nicht allzu traurig, wer weiß, wofür das gut ist. Bestimmt wird sich eines Tages alles wieder richten, und ich bin ja auch noch da.
Ich warte auf Dich.

Viele Grüße von mir und alles Gute, mein Bub, Gott wird dich schützen.
Deine treusorgende Mama

Alle hocken schweigsam am Tisch, die Blicke in sich gekehrt, auch ich bin stumm und verlegen. Immer wieder und wieder überfliege ich diese dünnen Sätze. Dann wandert mein Blick über die Gegenstände in dem Pappkarton: eine billige Taschenuhr mit einer blechernen Schutzhülle, zwei Bleistifte, ein Bündel Briefe von seiner Ziehmutter, drei Taschentücher, ein paar vergilbte Fotografien, darunter Peters Hochzeitsbild, das ihn als lachenden Unterscharführer in der Ausgehuniform der Leibstandarte »Adolf Hitler« darstellt. Die Braut ganz in Weiß, mit Schleier, auch sie lacht, sehr brav, sehr treuherzig, sehr inniglich. Und da ist auch noch Peters Erkennungsmarke. »Es wird sich schon alles richten«, murmle ich gedankenverloren vor mich hin. »Hat sich schon, und wie«, hakt einer nach, und dann, nach einer Weile, ein anderer: »Sie sind eben die Treuesten.« »Wer?« »Die Mütter halt, alle Mütter, wenn es um ihre Kinder geht.« »Der Peter hatte ja gar keine, diese Frau war ja bloß seine Ziehmutter.« »Na und? Aber treu sind sie doch. Das siehst du ja.« Dann wird es wieder still, schließlich sage ich, mit beiden Oberarmen auf Peters Pritsche gelehnt: »Lächerlich! Ein Karton, ein lumpiger alter Pappkarton. Mehr bleibt von einem Menschen nicht, ist verdammt wenig: ein alter Karton. Aus. Amen. Ende.«

»Immerhin, das ist doch was, oder? Ich hab' schon Leute gekannt, Kameraden, von denen ist nichts geblieben, gar nichts als blutige Fleischfetzen. Volltreffer.« Wieder Schweigen, im Ofen knistert es kurz, dann ist es völlig ruhig. Ich drehe mir eine Zigarette, dann lege ich mich auf meine Pritsche, die wie eine Hängematte durchhängt, weil die Wollfäden der amerikanischen Mops zu arg ausgedehnt sind. Nachdenklich lasse ich den Rauch zur Decke kringeln, während ich mich an Peters Erzählungen aus seiner ärmlichen Kindheit erinnere.

Auf dem Land ist er aufgewachsen bei einer Ziehmutter, die bei einem Bauern in nur geduldeter Untermiete lebte. Die Armut war ihr täglicher Gast, oft erzählte er vom weiten Schulweg und vom Hunger. Zu Weihnachten bekam er eine Leberwurstsuppe, und das war dann ein großes Fest. Niemals konnte ihm seine Ziehmutter einen Wintermantel kaufen, also fror er. So ein richtiger Wintermantel war Peters unerfüllter Kindheitstraum. Lehrstelle bekam er auf dem Land auch keine, so ging er in die Sonntagsschule, und weil er so groß und schlank und gesund war, meldete er sich dann zur Landpolizei. Tatsächlich, er wurde angenommen. Selbst bei diesem Entschluss spielte der Gedanke an einen Wintermantel eine Rolle: Jetzt endlich, bekam er einen. Noch dazu einen mit zweireihigen Metallknöpfen, ein schönes Stück, wie er zu sagen pflegte, so schön, wie er sich selbst hätte nie einen kaufen können. Später kam er von der Landespolizei zur SS-Verfügungstruppe, ja, und da war dann der Mantel gleich noch schmissiger. Dass Peter so oft und so ausführlich über Wintermäntel reden konnte, war für uns nahezu unverständlich, für ihn jedoch war dies ein wichtiges Thema.

Sinnierend lasse ich meinen Blick durch den Raum schweifen. An einem sehr dicken Nagel hängt ein langer, grauer Militärmantel. Ganz korrekt hängt er dort, fein säuberlich, ohne Fehl und Tadel, mit sämtlichen Knöpfen, versteht sich. Jeder Spieß hätte seine Freude daran. Diesen Mantel hat sich Peter vor ungefähr einem Jahr eingetauscht, in Raten sozusagen, mit Brotrationen, die er sich vom Mund abgespart hat. Jetzt gehört er ihm, und auf diesen Mantel war er mächtig stolz, besonders beim Zählappell. Freilich, jetzt ruft ihn keiner mehr zum Zählappell, und er braucht auch keinen Mantel mehr, denn er hat sich selbst entlassen. Etwas, was wir in diesem hereinbrechenden Winter 1946 nicht tun können, nicht tun wollen. Wir sind soweit gekommen, jetzt wollen wir auch endlich nachhause. Nach Peters Tod ist in der Baracke nichts mehr wie vorher. Wir sind stiller geworden, wieder ein Stückchen gereifter. Und so vergehen die Monate in Langeweile, bei kleinen Tätigkeiten für die Amerikaner, beim Liegen auf der Pritsche. Es dauert noch ein ganzes Jahr, bis ich nach Hause darf. Mein Vater empfängt mich und ich denke an seine Worte, als ich in den Krieg zog: »Ihr werdet wie geprügelte Hunde nach Hause schleichen.«

Stalins billigste Sklaven

Horst Messer, Bad Feilnbach, Ostfront

8. Mai 1945, Ostfront bei Libau. Unsere Panzerabteilung hat sich durch vier der sechs sogenannten Kurlandschlachten gekämpft, sich seit Monaten gegen eine gewaltige russische Übermacht zur Wehr gesetzt. Immer wieder wurden wir mit unseren Panzer IV als »Feuerwehr« eingesetzt und hatten in den letzten Tagen schwere Verluste zu beklagen. Ich selbst bin zweimal verwundet worden und seit dem 3. Januar, dem Tag meines 18. Geburtstages, wieder an der Kurlandfront als Funker in einem Panzer eingesetzt. Durch das Funkgerät unseres Panzers hören wir gegen Mittag von der bedingungslosen Kapitulation der Wehrmacht. Wir wollen es zunächst nicht glauben, denken an einen fingierten Funkspruch der Russen. Doch unser Spieß, Feldwebel Walter, hat einen direkten Funkspruch vom Regiment erhalten. Er gibt uns den Befehl, weiße Tücher auf unseren Fahrzeugen zu hissen. Erst da ist uns klar: Der Krieg ist verloren.

In dem knappen Jahr, in dem ich als Soldat im Baltikum eingesetzt war, habe ich viele Soldaten neben mir sterben sehen und bin selbst ein paarmal nur knapp dem Tod entronnen. Von Erleichterung ist bei uns dennoch nichts zu spüren. In russische Gefangenschaft will niemand von uns – zu sehr haben uns Berichte über russische Gräueltaten an deutschen Gefangenen in Angst versetzt. Doch dann ist das erste Aufeinandertreffen eher ruhig, militärisch und sehr geordnet. Unsere Abteilung muss ihre Panzer in Reih und Glied auf einer Wiese abstellen. Die Besatzungen müssen vor ihren Fahrzeugen antreten und ihre Waffen abgeben. Während die Fahrer bei den Panzern bleiben müssen, wird unser Gepäck auf Lkw geladen, und zu Fuß geht es mit etwas Bewachung in Richtung Riga. Nach zirka 20 Kilometern nimmt uns der Russe dann auch den Lkw weg, und wir müssen unsere Habseligkeiten alleine schleppen. Die Nacht vom 9. auf 10. Mai kampieren wir auf einer Wiese in Zelten mit zirka 5000 Mann. Auch jetzt spüren wir nichts von der angeblichen Grausamkeit der Russen. Ganz im Gegenteil: Unser Marsch ins erste Gefangenenlager nach Riga gleicht beinahe einer Parade: Kompanieweise in Fünferreihen marschieren Offiziere, Feldwebel, Unteroffiziere und Mannschaften im Gleichschritt nach Riga. Obwohl wir schon eine Bewachung haben. Das Singen von Soldatenliedern wird uns dann aber doch verboten. Gegen ein Pfeifen der Lieder haben unsere Bewacher allerdings nichts. Fast wie in Friedenszeiten ziehen wir durch die Stadt Riga kreuz und quer bis zu unserem Gefangenenlager.

Dort angekommen werden wir so richtig »gefilzt«, es wird uns alles abgenommen, bis auf die Kleidung am Körper und den Tornister, der allerdings fast leer ist. Das Gefangenenlager setzt sich aus einem Hauptlager und mehreren Nebenlagern zusammen: 10 000 deutsche Soldaten werden dort zusammengepfercht.

Die Verpflegung ist einigermaßen, und wir müssen tagsüber zwar viele Stunden, aber nicht besonders hart, zusammen mit lettischen Frauen, die uns immer wieder Lebensmittel zustecken, in einer Konservenfabrik arbeiten. Wenn so die Gefangenschaft aussieht, denke ich mir, dann ist sie für einen jungen Menschen wie mich auszuhalten. Zu diesem Zeitpunkt weiß ich noch nicht, was ich noch alles zu überstehen haben werde.

Das Arbeitskommando in der Konservenfabrik und das schöne Leben sind im September 1945 vorbei. Jetzt heißt es, Aufbauarbeit leisten. Das Elektrizitätswerk war von unseren Truppen bei der Aufgabe Rigas gesprengt worden – das hing noch mit Hitlers Befehl von der »Verbrannten Erde« zusammen. Nichts, was dem Gegner hätte nützen können, sollte ihm in einem Stück in die Hände fallen. Diesen Mist dürfen wir jetzt ausbaden. Wir werden vom Hauptlager in das Nebenlager 277/11 verlegt. In dem sogenannten E-Werklager sind gut 2000 Mann in Holzbaracken untergebracht. Zu der Ruine des E-Werks gehen zwei Schichten zu je 1000 Mann zur Arbeit. Für uns bedeutet das einen Zehn-Stunden-Tag – mit schwerster Arbeit. Zuerst müssen die Fundamente mit Fünf-Kilogramm-Hämmern und Meißeln rausgestemmt werden, was sehr viel Kraft kostet. Jede Arbeitsgruppe hat etwa zwölf Mann und wird Brigade genannt. Jede Brigade hat am Tage eine bestimmte Norm zu schaffen. Hat die Brigade 100 Prozent erfüllt, gibt es am Abend 600 Gramm Brot und einen Dreiviertelliter Wassersuppe. Wurde die Norm nicht erfüllt, gibt es nur 500 Gramm Brot. Durch diese körperlichen Anstrengungen nehmen die

Leute immer mehr ab. Da Hunger weh tut, versucht jeder, irgendwo zusätzlich etwas Essbares zu ergattern. Das gesamte E-Werkgelände ist von Posten auf ihren Beobachtungstürmen umstellt. Außerhalb dieses abgesperrten Geländes gibt es ein großes Speichergebäude, in dem Getreide gelagert ist. Bei der Nachtschicht versuchen einige Kameraden, an den Posten vorbeizukommen und sich dort etwas Getreide zu holen. Vielen ist es geglückt, doch einige hat man entdeckt und ohne mit der Wimper zu zucken erschossen.

Meine Brigade kommt im Frühjahr 1946 auf diesem Gelände zu zwei Marinesoldaten, die die Aufgabe haben, in dem vorbeifließenden Fluss, der Düna, in einem Taucheranzug Arbeiten an Rohren unter Wasser zu erledigen. Diesen Soldaten müssen wir in die Taucheranzüge helfen und später mit einer Pumpanlage mit Luft versorgen. Die Arbeiten sind für uns leicht und die Norm ist jeden Tag erfüllt – ob die Soldaten etwas tun oder nicht. Im Sommer 1946 habe ich das Glück, mit fünf anderen Kameraden, die alle aus Bauernhöfen stammen, zu einem Landkommando 50 Kilometer östlich von Riga auf einen Bauernhof zu kommen. Auf dem Hof gibt es in diesen Tagen keinen Eigentümer, sondern einen Verwalter. Der hat für uns die volle Verantwortung. Was uns wundert: Es gibt keine militärische Bewachung. Die Verpflegung muss der Verwalter stellen. Ein Mann von uns darf kochen. Das ist Hans Kloibhofer aus Linz, der mir in den nächsten Wochen ein guter Freund wird. In den ersten Wochen werden wir zu Feldarbeiten eingeteilt. Wir sollen die Wiesen mähen und das Gras zu Heu machen. Dafür bekommen wir Sensen, die müssen zuerst und danach immer wieder gedengelt werden. Das macht ein älterer Kamerad, der Erfahrung in der Landwirtschaft hat.

Wenn ich so nachdenke, ist es fast ein bisschen skurril: Da mähen wir vier Deutschen zusammen mit einem lettischen Knecht von morgens bis abends Gras. Schwere Arbeit zwar, aber wir bekommen auch gut zu essen. Auf dem Nachbarhof sind zehn russische Soldaten eingesetzt, die nicht viel Lust zur Arbeit haben. Wir sind auf unserem Hof in der halben Zeit mit den gleichen Arbeiten fertig. Zusätzlich sind auf diesem Nachbarhof zwei lettische Frauen aus Riga zur Ernte eingesetzt. Die beiden, 18 und 27 Jahre alt, haben in der Nacht immer Angst vor den russischen Soldaten, deshalb schlafen sie nicht im Haus, sondern im Stall auf dem Heuboden. Da der Zugang nur über eine Leiter möglich ist, ziehen die beiden sie zu sich hoch, wenn sie oben auf dem Heuboden sind. An einem Sonntag treffen wir mit den Frauen zusammen, und es entwickelt sich eine engere Freundschaft, die aber später für mich noch große Probleme bringen wird. Diese vier Wochen »Gefangenschaft« bei relativer Freiheit genießen wir in vollen Zügen.

Einmal kommt uns der russische Lagerkommandant überraschend besuchen. Es ist zur Mittagszeit, und mein Spezl Hans ist bei den Frauen auf dem Heuboden. Er hat sich mit der Jüngeren angefreundet. Ich verschwinde schnellstens, um Hans zu warnen, dass der Chef da sei. Hans springt ohne Leiter vom Boden herab, verstaucht sich den Knöchel und humpelt zum Kommandanten. Dieser riecht sofort den Braten und fragt mit ziemlich wütendem Unterton, ob er bei einer

Frau gewesen sei. Für einige Sekunden habe ich richtig Angst um meinen Freund. Doch der antwortet dem Lagerkommandanten in fließendem Russisch, und die beiden beginnen zu lachen. Hans, das Schlitzohr, kennt den russischen Major bestens, das erfahre ich aber erst nach dessen Besuch. Hans wohnte nicht in unserem Lager, sondern beim russischen Stab in der Nähe des Lagers in einem kleinen Häuschen. Da mein Spezl sehr gut Russisch spricht, ist er den Bewachern von Nutzen und erringt schnell das Vertrauen des Lagerkommandanten, der sich nach dem kleinen Ratsch mit Hans wieder zufrieden verabschiedet.

Im Herbst ist dann die schöne Landarbeit zu Ende, und es geht wieder auf die Baustelle am E-Werk. Schuften, Tag für Tag. Doch immer noch ist das Essen ausreichend und sind die russischen Bewacher erträglich. Ich hätte es dort ganz gut ausgehalten, werde aber nach einer Woche abkommandiert. Aus irgendeinem Grund darf ich nicht mehr zum E-Werk auf meine Arbeitsstelle. Mit weiteren 40 Kameraden sitze ich die nächsten Tage im Lager fest, zum Nichtstun verdammt. Das ist zwar erholsam, aber auch stinklangweilig. Bis uns eines Morgens ein russischer Politoffizier antreten lässt. Er erklärt uns in gebrochenem Deutsch, dass wir für die anderen Gefangenen einen Sportplatz innerhalb des Lagers anlegen sollen. So komme ich also die nächsten Wochen nicht aus dem Lager raus und weiß nicht, warum. In diesen Tagen sehe ich Hans kaum noch. Ich höre mich bei den Kameraden um, die wie ich das Lager nicht verlassen dürfen. Jeder von ihnen hat was auf dem Kerbholz, die meisten haben versucht zu fliehen oder etwas geklaut.

Ich aber nicht. Was ist also der Grund für meine »Inhaftierung«? Ich bin mir sicher, nichts »verbrochen« zu haben, und kann mir nicht erklären, warum ich bei diesem Haufen bin.

Bei den Arbeiten im Lager komme ich dem Politoffizier näher, wir sind uns irgendwie sympathisch. Ihn traue ich mich schließlich zu fragen, was ich denn angestellt hätte und weswegen ich das Lager nicht mehr verlassen dürfte. Ich sei mir keiner Schuld bewusst. Darauf meint er zunächst ausweichend, es ginge mir doch nicht schlecht im Lager, und ich brauchte auch nicht die schwere Arbeit am E-Werk machen. Doch das lasse ich nicht gelten. Das Eingesperrtsein belaste mich seelisch, sage ich zu ihm. Daraufhin erklärt er mir den wahren Grund für meine Ausgangsperre. Irgendjemand hat einem der Posten gesteckt, dass ich etwas mit den lettischen Frauen hätte. Ich sei im Verdacht, mich mit deren Hilfe aus dem Staub machen zu wollen. Ich kann es kaum fassen, irgendein Neider muss mich denunziert haben. Den Grund für meine Ausgangsperre kenne ich jetzt – dadurch ändert sich aber nichts. Wochenlang muss ich noch im Lager bleiben. Während die anderen auf ihrem Weg zur Arbeit Zigaretten und Lebensmittel zugesteckt bekommen oder sich Selbiges organisieren, bin ich von den »Luxuswaren« abgeschnitten.

Wenn ich gewusst hätte, was noch auf mich zukommen würde, hätte mich dieser Zustand nicht so geärgert. Eines Tages wird dann nämlich ein Kommando zusammengestellt, zu dem ich mit eingeteilt werde. Ich freue mich, doch endlich das Lager wieder verlassen zu dürfen. Als ich dann aber höre, es ginge in ein Waldlager weit außerhalb Rigas, ist mir sofort klar, dass es sich um ein Straflager handeln muss. Mittlerweile ist der erste Schnee gefallen, und es ist bitterkalt. In dem Waldlager müssen wir uns zunächst in den Baracken einrichten, so gut es geht. Am nächsten Tag geht es mit Sägen und Beilen »bewaffnet« in den Wald, um Bäume zu fällen. An den langen Zugsägen ist harte Arbeit gefordert. Die Bäume müssen auf eine bestimmte Länge geschnitten und entastet auf eine Forststraße abgelegt werden. Das ist echte Knochenarbeit – bei Wassersuppe und trockenem Brot. Das Waldlager ist dem E-Werklager angeschlossen, sodass wir von dort ärztlich versorgt werden: Einmal im Monat kommt ein Arzt für einen Tag zu uns raus. Der tut das Allernötigste. Weil ich noch so jung und noch dazu sehr hager bin, befürchtet der deutsche Arzt, dass ich den Winter hier nicht überleben werde. Er veranlasst unter dem Vorwand, ich sei krank, mich sofort ins Lazarett zum E-Werklager zurückzubringen. Mein Glück. Auf einem offenen Lkw werde ich zurück nach Riga ins Lager chauffiert. Noch heute bin ich dem deutschen Arzt, ich weiß leider nicht mehr, wie er hieß, sehr dankbar. Er hat mir wahrscheinlich mein Leben gerettet. Ich hörte später, dass viele meiner Kameraden den Winter im Waldlager nicht überstanden haben.

Im Lazarett sind mehrere deutsche Ärzte unter einer russischen Ärztin tätig. Die Leitung hat ein Stabsarzt namens Dr. Schorsch. Er stammt aus Berlin und ist mir vom ersten Augenblick unseres Kennenlernens an sehr zugetan. Er behält mich für 14 Tage im Lazarett, ohne dass ich wirklich krank bin, dann meint er, länger könne er mich nicht halten, ohne dass es die russische Ärztin merken werde. Er versteht es, mir über gewisse Kanäle im Lager eine Arbeit zu verschaffen. Ich werde »Chef« der Wäscherei. Jeden Tag kommen »Unterwäsche« und »Nachthemden« aus dem Lazarett, die gewaschen werden müssen. Dazu werden mir jeden Tag vier Leute zugeteilt, die nach dem Kochvorgang an den Waschbrettern die Wäsche sauberrubbeln müssen. Zum Kochen haben wir nur Soda und zum Waschen nur wenig Kernseife, sodass die Wäsche trotz unserer Bemühungen alles andere als sauber ist. In bestimmten Abständen kommen Kommissionen aus Moskau; da wird von der russischen Lagerleitung alles unternommen, um einen guten Eindruck zu hinterlassen. Es gibt eine extra Ration Kernseife, und aus der Küche kommt die Suppe etwas dicker bei uns an. In dieser Wäscherei bin ich von März bis Juni 1947.

Mitte Juni wird wieder ein Kommando zusammengestellt, dem ich auch angehöre. Es geht per Lkw zirka 25 Kilometer westlich von Riga in ein Torflager. Torf wird auf einer Waldlichtung mit einer Torfmaschine gestochen. Bei den sommerlichen Temperaturen ist das eine richtige Knochenarbeit. Große und starke Männer machen bei dieser Hitze schlapp. Es gibt keine Zusatzration zu trinken, nur unsere normale Wassersuppe. Durst ist noch schwerer zu ertragen als Hunger, also suche und finde ich einen Ausweg. Da ich bei der Panzertruppe war, trage ich noch meine schwarze Panzerjacke. Ein russischer Posten fragt mich eines Tages, ob ich bei den Panzern gewesen sei. Er erzählt mir, dass auch er bei den Panzern in Ostpreußen gewesen sei, doch weil er Diesel schwarz verkauft habe, sei er degradiert und zum Wachpersonal versetzt worden. Panzersoldaten unter sich – wir verstehen uns von der ersten

Sekunde an. Der Russe erlaubt mir schließlich, jeden Tag für zwei Stunden den Arbeitsplatz zu verlassen, um in der Umgebung bei den lettischen Bauern um etwas zu essen und zu trinken zu betteln. Dadurch kann ich auch für meine Kameraden etwas tun. Doch dieser russische Soldat kommt eines Tages nicht mehr, und damit hört auch das einträgliche Betteln auf.

Die Arbeit an der Torfmaschine ist so brutal, dass ich das Gefühl habe, langsam vor die Hunde zu gehen. Eines Tages, ich glaube, im November 1947, heißt es, es gebe ein Kommando in den Kaukasus – dort seien die Arbeitsbedingungen besser und das Wetter wärmer. Ich denke mir, bloß weg von hier, und melde mich zu diesem Transport. Am Bahnhof von Riga treffen aus anderen Lagern Mitgefangene ein. Ein ganzer Güterzug wird zusammengestellt. In den Wagen sind Pritschen eingebaut, sodass eine Lage Menschen oben schlafen kann und eine unten auf dem Boden. Der Transport rollt ungefähr Mitte Dezember los. Die Fahrt geht über Minsk, Kiew, Rostow am Schwarzen Meer bis ins Donezbecken. Auf dieser »Reise« ist unter uns eine Stimmung, als ob es nach Hause ginge. Jeder ist in der Hoffnung, etwas Besseres vorzufinden als in seinem alten Lager. Die Stimmung hält bis Rostow an. Als wir dann in nordöstliche Richtung fahren und uns immer mehr Kohlenzüge entgegenkommen, wird es uns mulmig zumute. Es wurde gemunkelt, es gehe womöglich in ein Bergwerk. Die Stimmung schlägt total um. Aus der Vermutung wird Gewissheit, als wir nach 14-tägiger Fahrt am Ziel sind. Der Ort heißt Kadijewka. Er liegt im Donezbecken, wo es viele Kohlebergwerke gibt. Wir werden in Steinbauten untergebracht. Hier gibt es keine Pritschen, sondern Stockbetten, was zunächst ganz passabel aussieht. Doch das Ungeziefer ist von nun an unser stetiger Begleiter. Mir persönlich setzen die Wanzen am meisten zu. Gegen Läuse wird etwas unternommen; alle vier Wochen werden wir entlaust, aber aufgrund der hygienischen Verhältnisse im Allgemeinen werden wir die Viecher nie endgültig los. Man hätte die ganzen Häuser ausräuchern müssen. Das Essen ist auch hier nicht besser.

Am 3. Januar 1948, den Tag werde ich nicht vergessen, fahren wir in die Kohlengrube »Iljitsch« auf 700 Meter Tiefe ein. Unsere Arbeit besteht darin, Kohleloren auf einer bestimmten Strecke zu schieben. Da die Gleis- und Streckenverhältnisse in einem sehr schlechten Zustand sind, geht alles sehr mühsam. Plötzlich bringe ich meine Lore nicht mehr weiter. Irgendetwas muss kaputt sein. Ich suche das Gefährt ab und höre dabei plötzlich Frauenstimmen. Man singt Lieder – auf Deutsch. Ich lasse meinen Waggon einfach stehen, nehme meine Grubenlampe und gehe in die Richtung, wo die Stimmen herkommen. Nach fünf Minuten Gehzeit stoße ich auf eine Höhle, die wie ein viereckiger Wohnraum aussieht. Dort stehen etwa zehn junge Frauen in meinem Alter zusammen und singen ein Lied mit dem Text »Wer die Heimat liebt, so wie du und ich, kann im fremden Land nicht glücklich sein«. Nach drei Jahren russischer Gefangenschaft deutsche Mädchenstimmen zu hören, ist für mich so ergreifend, dass mir die Tränen nur runterkullern. Als sie mit dem Singen aufhören und mich entdecken, kommen wir ins Gespräch, und es stellte sich heraus, dass alle aus Siebenbürgen und dem Banat in Rumänien stammen und nach dem Einmarsch der Roten Armee hierher verschleppt worden sind. Seit drei Jahren müssen sie schwere Arbeit im Bergwerk machen. Doch sie feiern gerade ihren Abschied untertage. Ab dem nächsten Tag sollen die jungen Frauen nicht mehr in den Schacht einfahren müssen, sondern bekommen andere Aufgaben. Wir sind die armen, dummen Kerle, die die Frauen im Bergwerk ablösen müssen. Diese Begegnung und alles, was ich durch die Rumäniendeutschen erfahre, ist für mich so erschütternd, dass mir das ganze Ausmaß dieses schrecklichen Krieges erstmals richtig bewusst wird. Als Soldat muss man damit rechnen, in Gefangenschaft zu geraten. Aber was man mit den Zivilisten alles gemacht hat, war einfach brutal und unmenschlich.

Im Schacht ist es so, dass die Deutschen für sich auf einer Sole arbeiten und die Russen auch für sich. Obwohl wir weniger zu essen bekommen als die Russen, fördern wir um die Hälfte mehr Kohle. Auch hier ist die russische Aufsicht sehr schlau: Für die Steigerposten, also als Vorarbeiter, werden Deutsche eingesetzt, Leute aus Oberschlesien. Die meisten sprechen Russisch. Sie bekommen einen Freischein, einen sogenannten Propusk, damit können sie sich zwischen Lager und Schacht frei bewegen und bekommen noch dazu Geld. Diese Privilegien führen dazu, dass sie uns mächtig antreiben, um die Arbeitsnorm zu erfüllen oder sogar überzuerfüllen. Jeder dieser deutschen Steiger bekommt dadurch mehr Geld und Anerkennung von den Russen. Für unsere Arbeitsleistung muss die Bergwerksleitung auch Geld an das Lager bezahlen, aber es heißt, das reiche gerade für »Unterkunft« und »Verpflegung«.

Nach ein paar Wochen wechseln wir das Bergwerk und kommen in die Schachtanlage »Maximowka«, sie ist kleiner und nicht so tief. Allerdings können wir mit dem Förderkorb nur 60, 70 Meter runterfahren. Von da aus geht es zu Fuß schräg nach unten bis auf 300 Meter. Man ist eigentlich schon alleine müde von dem langen Fußmarsch, bevor man überhaupt an der Arbeitsstelle angekommen ist. Wir müssen vom Lager bis zur Sole hin und zurück zwei Stunden laufen und vor Ort arbeiten wir acht Stunden. In diesem Lager gibt es eine neue Art der Bewachung. Unser Kommando ist ungefähr 70 bis 80 Mann stark, dafür gibt es einen russischen Posten und sechs Deutsche, sogenannte Wachkommando-Leute. Sie tragen eine weiße Armbinde mit den Buchstaben WK. Diese Leute sind bei der »Antifa«, also politisch umgedreht worden. Damit bewachen wir Deutsche uns quasi selbst.

Die Sole, auf der unsere Brigade arbeitet, das heißt der Streckenabschnitt, auf dem die Loren mit der Kohle geschoben werden müssen, ist 600 Meter lang. Die Arbeiten müssen teilweise auf Knien oder im Liegen gemacht werden. Am Ende der Schicht wird die Schüttelrutsche wieder zum Kohlenflöz umgesetzt. Ich bin zum Wagenschieben eingesetzt. Den Wagen diese 600 Meter hin- und herzuschieben ist deshalb so kräfteraubend, weil alles so marode ist, vom tropfenden Wasser von oben bis hin zu den schlechten Gleisen unten. Schon in den ersten Tagen wird mir klar: Wenn ich hierbleiben muss, ist es das Ende. Also muss ich mir wieder etwas einfallen lassen, um zu überleben. Mir kommt die Idee, eine Krankheit vorzutäuschen, und Besseres fällt mir nicht ein als Epilepsie. Ich versuche es bei der Nachtschicht, als wir vom Lagertor abgeholt werden. Als wir ungefähr 500 Meter gegangen sind, lasse ich mich einfach fallen und schüttle mich wie wild. Der Posten hält die ganze Gruppe an und befiehlt zwei meiner Kameraden, mich zum Lager zurückzubringen, somit ist mir zumindest mal eine Schicht erspart geblieben. Dieses Schauspiel praktiziere ich in den nächsten Tagen erfolgreich an unterschiedlichen Stellen des Weges. Das Theater spiele ich ungefähr zwei Wochen lang. Dann lässt mich mein Steiger, Max Sommer, beim russischen Arzt vorführen. Der untersucht mich eingehend und sagt dann prompt, ich sei ein Simulant – was ja auch stimmt. Bei dieser Untersuchung ist auch Sommer dabei. Am nächsten Tag im Schacht soll die Strafe auf den Fuß folgen. Sommer kommandiert mich zu den Russen ab, mit der Begründung, die würden mir schon das Arbeiten beibringen. Doch die geben mir erst mal zwei gewaltige Schraubenschlüssel in die Hand: Ich solle dafür sorgen, dass die Schüttelrutsche ruhig läuft. Die Rutsche ist zirka 80 Meter lang und besteht aus fünf Meter langen Blechen, die mit Bolzen und Schrauben zusammengehalten werden. Wenn die Rutsche arbeitet, lösen sich auch ab und zu die Schrauben. Dann wird sie instabil. Meine Aufgabe ist es nun, diese Schrauben zu kontrollieren und, wenn nötig, wieder festzuziehen. Was für eine Erholung im Vergleich zum Lorenschieben!

Die Russen haben ohnehin eine andere Arbeitsmoral als wir Deutschen, zumal die meisten dort arbeitsverpflichtet sind. Ich fühle mich bei ihnen sehr wohl und höre mit meiner Epilepsie-Masche auf, was dann auch Max Sommer mitbekommt. Nach ein paar Wochen holt er mich wieder zu seiner Sole zurück. Ich brauche aber nicht mehr auf die Strecke Wagen schieben, sondern muss sie mit einem Kameraden auf einer Plattform, wo die Wagen ankommen, drehen, anketten und mit einer Winde 50 Meter schräg nach unten lassen zur Hauptstrecke. Diese Winde bedient eine junge Russin mit dem Namen Nina. Als ich mich mal an der Hand verletze, nimmt sie sofort ihr Kopftuch vom Kopf, zerreißt es und verbindet mir die Hand. Nach ein paar Wochen steckt Sommer mir wieder eine andere Arbeit zu, so komme ich an den Streckenvortrieb. Da sich der Kohleabbau weiterbewegt, muss auch der Streckenvortrieb weitergebracht werden, damit die Loren die geschüttelten Kohlen aufnehmen können. Das Gestein wird von den Russen gebohrt. Zusammen mit Michael Huber aus Brunnen bei Schrobenhausen habe ich das Gestein wegzuräumen und in Loren zu laden. Eines Tages, an Silvester 1948, vergisst der deutsche Sprengmeister in der Sole seine Sprengstofftasche, und bei der Sprengung der Kohle fliegt auch die liegengebliebene Tasche mit dem restlichen Dynamit in die Luft. Die Entfernung zu uns sind etwa 30 Meter. Der Knall und die Druckwelle sind so stark, dass uns beiden die Trommelfelle platzen und sich über uns große Gesteinsmassen lösen. Nur weil wir geistesgegenwärtig reagieren und sofort weglaufen, überleben wir die Explosion.

Als das Frühjahr naht, gehen viele Latrinenparolen durch das Lager, und es heißt, dass in absehbarer Zeit alle Kriegsgefangenen aus den Bergwerken rauskommen sollen. Niemand nimmt diese Parolen noch ernst, da ja das ganze Jahr immer wieder solche Gerüchte aufgetaucht sind und sich wieder in Luft aufgelöst haben.

Doch dann staunen wir nicht schlecht, als am folgenden Tag offene Lkw vor dem Lagertor stehen und wir aufsteigen dürfen. Sollte es tatsächlich nach Hause gehen? Nach einer halbstündigen Fahrt kommen wir zu einem Steinbruch – unsere Gesichter werden immer länger. Wir sind vom Regen in die Traufe gekommen. Im Steinbruch angekommen, bekommen alle sofort eine drei Meter lange, eiserne Stange, die an den Enden zu einem Steinbohrer angespitzt ist, dazu einen 1,20 Meter langen Draht, der am unteren Ende zu einer Schlinge ausgearbeitet ist. Die Norm pro Mann und Tag ist, einen Meter senkrecht in das Gestein zu bohren. Und das geht so: Man schlägt mit dem Hammer zuerst eine kleine Kerbe ins Gestein, dann beginnt man mit der Eisenstange zu stoßen und zu drehen, sodass ein Loch entsteht, aus dem man mit der Drahtschlinge den Steinsand herausholt. Eine vorsintflutliche Arbeit, bei Sonnenschein sehr schweißtreibend, und zu trinken gibt es auch hier nicht ausreichend. Diese Arbeiten im Steinbruch dauern bis Anfang Juni 1949.

Eines Tages muss unsere Brigade zu einem Sägewerk. Schon am zweiten Tag darf ich nicht mehr dabei sein. Wieder bleibe ich im Lager mit etlichen anderen Kameraden, wieder sind es Leute, die entweder bei der SS gewesen waren, versucht hatten zu fliehen oder einer Einheit angehört hatten, die angeblich »Kriegsverbrechen« begangen haben sollen. Warum ich nun wieder dabei war, ist mir bis heute unerklärlich geblieben. Mir ist die Sache nicht ganz geheuer. Nach ein paar Tagen im Lager höre ich von der »Antifa«, dass sich Leute zur Antifaschule melden könnten. Die Schule werde sechs Monate dauern, und dann gehe es in die Heimat. In meiner unsicheren Lage sehe ich keinen anderen Ausweg. Ich melde mich freiwillig, und Ende Juni fahren wir mit einer Gruppe von Kadijewka (Ukraine) nach Ogre (Lettland), nicht weit von Riga, auf die Antifaschule. Hier sollen wir Marxismus-Leninismus und den großen »friedliebenden« Stalin studieren. Wir sind zwar auch weiter in einem Barackenlager untergebracht, aber das erste Mal seit vier Jahren gibt es richtige Betten. Vier Mann liegen auf einem Zimmer, und es gibt einigermaßen gutes Essen – tatsächlich echte Butter zum Frühstück. Gelernt wird den ganzen Tag. Es ist aber jedenfalls auszuhalten. Eines Tages habe ich die Gelegenheit, mit einem politischen Offizier und einer kleinen Gruppe von uns am Abend nach Riga in die Oper zu fahren. Wir fahren mit einem Personenzug; es ist für mich ein ganz komisches Gefühl, unter normalen Menschen zu sein. Das Stück, das gespielt wird, heißt »Carmen«. Der Abend wird für uns alle zu einem Erlebnis und zugleich ein erster Schritt zurück in die Zivilisation.

Tage und Wochen vergehen. Die Theorie, die wir lernen, ist gar nicht so schlecht. Kommunismus, denke ich, ist eigentlich für einen Arbeiter wie mich ein idealer Zustand. Doch die Praxis sieht in der Sowjetunion ganz anders aus. Eine Einklassengesellschaft gibt es nicht. Ich merke schnell: Einen neuen Menschentyp zu erziehen, der immer nur das allgemeine Wohl im Auge hat, das ist nicht praktikabel. Der Mensch denkt immer zuerst an sich, und wenn alles geplant und vorgeschrieben wird, gibt es keine persönliche Freiheit mehr. Vom sogenannten sowjetischen Volkseigentum klaut fast jeder, was das Zeug hält. Alles ist Mangelware, und in der Produktion wird zwar viel geschrieben, aber wenig gearbeitet. Somit ist das System auf kurz oder lang zum Untergang verurteilt. Für mich ist die Schule ohnehin nur Mittel zum Zweck.

Am 23. Dezember 1949 ist es dann endlich soweit: Der Kurs ist beendet, und ich bin ein waschechter Kommunist. Alle Leute dieser Schule, auch das Lehrpersonal, das zum Großteil aus Deutschen besteht, werden auf dem Bahnhof von Ogre in Viehwagen verladen. Die Waggons sind diesmal nicht eng belegt und recht gut ausgestattet. Die Fahrt geht von Riga über Wilna und Kiew nach Brest. Eine letzte Kontrolle von den Russen, dann geht es in polnischen Zügen mit nicht mehr abgeschlossenen Türen über Warschau nach Frankfurt an der Oder. Die Stimmung ist dementsprechend blendend. In Frankfurt kommen wir ins Durchgangslager, werden von Deutschen registriert und von Parteifunktionären empfangen in der Hoffnung, uns als Parteikader für die in Aufbau befindliche DDR zu gewinnen. Ich denke gar nicht daran, dort zu bleiben, da ja meine Angehörigen in der Nähe von München wohnen. Ich gebe ein Telegramm auf und tue darin kund, dass ich bereits in Frankfurt sei und in den nächsten Tagen heimkommen werde. Am 29. Dezember 1949 besteige ich mit anderen Kameraden den Personenzug in Richtung Hof, wo wir bei Nacht in Moschendorf über die deutsch-deutsche Grenze rollen. Dabei werfe ich meinen angelernten Kommunismus einfach zum Fenster raus. Nach vier Jahren und acht Monaten bin ich endlich wieder zu Hause. Aus dem 18-jährigen Panzersoldaten voller Heldentum im Tornister ist ein geläuterter 25-Jähriger geworden, der sich an ein Leben ohne Krieg und Gefangenschaft erst einmal gewöhnen muss.

Der Autor

Christian Huber, 1964 in Wasserburg am Inn geboren, ist seit zwanzig Jahren als Journalist und Publizist tätig. Sein Spezialgebiet: die Zeitgeschichte. Nach Abitur und Studium in München veröffentlichte er als Redakteur beim Oberbayerischen Volksblatt in Rosenheim, bei dem er 15 Jahre zum Großteil in verantwortlicher Position beschäftigt war, zahlreiche Serien und Berichte zum Zweiten Weltkrieg. Seine militärische Ausbildung absolvierte der ehemalige Zeitsoldat und Hauptmann a. D. unter anderem an der Offiziersschule der Luftwaffe in Fürstenfeldbruck. Huber lebt und arbeitet heute als freier Journalist und Autor in seiner Heimatstadt Wasserburg.

Weitere Bücher im Rosenheimer Verlagshaus

Das Ende vor Augen
208 Seiten
ISBN 978-3-475-54135-3

Millionen von Soldaten verloren im Zweiten Weltkrieg ihr Leben, viele waren durch die körperlichen und seelischen Verletzungen nie mehr dieselben. Dieses Buch lässt die sprechen, die mittendrin waren: Ehemalige Soldaten berichten aus unterschiedlichen Perspektiven von ihren Erfahrungen und Erlebnissen an der Front während des Zweiten Weltkrieges. Christian Huber hat ihre Berichte gesammelt und für dieses Buch zusammengestellt.

Zwischen Kairo und Tunis
240 Seiten
ISBN 978-3-475-54220-6

Unteroffizier Willi Trump schildert wie er und seine Männer im Afrikafeldzug im blinden Gehorsam die Wüste durchqueren. Sie verzichten auf Schlaf, leiden Hunger und Durst. Wie mechanische Wesen, die einem fremden Willen gehorchen, kämpfen sie gegen Fliegenschwärme und die Angriffe der Gegner. Schließlich werden sie besiegt. Auf dem Rückzug müssen sie mit den unerbittlichen Angriffen der Amerikaner und Engländer fertig werden.

Oberst ohne Ritterkreuz
272 Seiten
ISBN 978-3-475-53346-4

Nach der Winterschlacht am Donez ist das Regiment des Oberst Metzelbrod schwer angeschlagen. Um die Reste des Regiments zu retten, entschließt sich Metzelbrod, den Stützpunkt aufzugeben, gegen den der weit überlegene Feind immer wieder anrennt. Wider höheren Befehl wird der Rückzug angetreten. Metzelbrods Adjutant Leutnant Emser gibt einen Bericht von dem Geschehen ab, das über einen Offizier hereinbricht, der zwischen Befehl und Gewissen steht und sich für das Gewissen entscheidet. Ein Buch über den Krieg und gegen den Krieg.

Befehle von oben
256 Seiten
ISBN 978-3-475-54032-5

Durch eine schwere Verwundung bei Stalingrad ist das Gesicht des Leutnants Lemke entstellt. Der furchtbare Krieg in Stalingrad hat seinen Blick für die Hintergründe und Zusammenhänge der Ereignisse geschärft. Da er nicht offen sprechen darf, beginnt er während eines Lazarettaufenthaltes seine Gedanken aufzuzeichnen und beendet sie in den Stellungen des Kuban-Brückenkopfes. Leutnant Lemke steht stellvertretend für eine Generation, die den Krieg als prägend für ihr gesamtes Leben erlebt hat.

Verlorene Ehre – Verratene Treue
400 Seiten
978-3-475-53659-5

Als Achtzehnjähriger wächst der Autor in den Zweiten Weltkrieg hinein und erlebt ihn als unentrinnbares Schicksal. Er beschreibt die Not des Hungers, des schrecklichen russischen Winters, die Aussichtslosigkeit der gnadenlosen Kämpfe und das ständige Bewusstsein, vom Tod bedroht zu sein. Der ungeschönte Bericht eines Zeitzeugen über den Zweiten Weltkrieg, der mit den geschilderten bitteren Erfahrungen und Erlebnissen belegt: Ich war dabei.